**Gebrauchsanweisung
für den Gardasee**

Rainer Stephan

**Gebrauchsanweisung
für den Gardasee**

Piper München Zürich

Mehr über unsere Autoren und Bücher:
www.piper.de

ISBN 978-3-492-27540-8
2. Auflage 2008
© Piper Verlag GmbH, München 2007
Karte: cartomedia, Karlsruhe
Gesamtherstellung: CPI – Clausen & Bosse, Leck
Printed in Germany

*Für Poja, Jan, Viola und Moritz,
meine wunderbaren Gastgeber am See*

Inhalt

1. Bei Rovereto rechts raus
   oder Wozu eine Gebrauchsanweisung? **11**
2. Der verschwundene See
   oder Wie die Schiffe klettern lernten **14**
3. Kontaktaufnahme
   oder An Goethe kommt keiner vorbei **23**
4. Endlich allein
   oder Wie Mönche fernsehen **37**
5. Süßes Meer
   oder Wie die Sardine in den See kam **45**
6. Unter dem Pflaster liegt der Strand
   oder Ein Badekapitel für Entdeckungslustige **54**
7. Erstwohnsitz Gardasee
   oder Europas Kalifornien **61**
8. Wimmers Paradies
   oder An allem ist Rübchen schuld! **79**

9. Hanglage Seeblick
   oder Die Angst der Deutschen vor den
   Deutschen   91
10. Tremosine
    oder Die alte Welt   106
11. Geschmacksfragen
    oder Warte, bis es dunkel wird   124
12. Ohne Julia
    oder Durch die Weinberge nach Verona   137
13. Finale
    oder Wo liegt eigentlich das Ende
    des Gardasees?   151

1. Bei Rovereto rechts raus oder Wozu eine Gebrauchsanweisung?

Eine Gebrauchsanweisung für den Gardasee – wofür bitte soll die gut sein? Genau das, finden viele, darunter besonders viele deutsche Touristen, ist doch das Praktische an diesem Urlaubsziel, daß es kaum Probleme macht. Man kommt leicht hin, einfach über die Brennerautobahn Richtung Verona und dann bei Rovereto oder Affi rechts raus, man findet rasch ein Quartier, meist sogar ein erschwingliches, ums Wetter braucht man sich keine großen Sorgen zu machen, das Essen – italienisch, aber nicht allzusehr – schmeckt prima, der Wein dazu fließt in Strömen und – besonders komfortabel – die Leute dort sprechen und verstehen Deutsch. Eben das wunderbar Unkomplizierte ist es, das Jahr für Jahr Hunderttausende von deutschen Ferienreisenden an den Gardasee zieht. Wenn dem aber so ist: Warum braucht man beim Besuch des Gardasees dann eine Gebrauchsanweisung?

Nun: Eben darum! Zumindest der, dessen Ansprüche

an eine Ferienreise oder auch nur an ein paar Urlaubstage über die unkomplizierten Pauschalangebote von Reiseveranstaltern oder lokalen Tourismusmanagern hinausgehen, tut sich erfahrungsgemäß gerade an derart populären Reisezielen schwer, auf seine Kosten zu kommen. Gerade weil der Gardasee so beliebt ist, machen Individualreisende in der Regel einen großen Bogen um ihn. Und wenn sie überhaupt in Italien unterwegs sind, denken sie gar nicht daran, in Rovereto oder Affi rechts abzubiegen. Bestenfalls freuen sie sich, daß die Autobahn von hier an nicht mehr derart überfüllt ist, und fahren weiter Richtung Süden, jenen Regionen entgegen, in denen sie all das zu finden hoffen, was ein so überlaufenes Ferienziel wie der Gardasee eben nicht verspricht: die Ursprünglichkeit abgelegener Bergdörfer zum Beispiel, das Erlebnis einer von der Zivilisation noch weitgehend verschonten Natur, Städte, deren Leben nicht vom Tourismus geprägt ist, Gerichte und Getränke, die nicht auch bei jedem besseren Italiener daheim auf der Speisekarte zu finden sind, den Kontakt mit fremden Menschen und Lebensweisen, den stillen Frieden einer einsamen Abtei oder auch nur die Möglichkeit, seine Zeit an den Ufern eines einsamen Bergsees mit genußreichem Nichtstun zu verbringen – *dolce far niente!*

Ja, es gibt gar nicht wenige solcher Orte in Italien. Und wer den einen oder anderen von ihnen gefunden hat, im Inneren Sardiniens oder im fernen Kalabrien, in einem schwer erreichbaren Hochtal des Apennin oder irgendwo in den Albanerbergen südlich von Rom, dem fehlt zu seinem Glück eher keine Gebrauchsanweisung. Dringend braucht sie aber der, der alles das – die Betonung liegt auf alles! – ausgerechnet am überlaufenen Gardasee sucht, nicht nur, weil er solche Ziele hier gar nicht vermutet hat, sondern auch, weil sie oft gar nicht leicht aufzuspüren sind.

Gewiß, man kann auch als Naturfreund oder als Bildungshungriger von einem Aufenthalt am Gardasee profitieren, indem man sich einfach mit dem Strom treiben läßt und dabei einen der mittlerweile zahlreichen Reiseführer zu Rate zieht, die diese Region vorstellen. Diese Gebrauchsanweisung will aber etwas anderes: Sie will explizit dabei helfen, gegen den Tourismusstrom zu schwimmen. Wer sich einmal auf den Versuch eingelassen hat, den Gardasee auf diese Weise kennenzulernen, der wird es bei diesem einen Versuch nicht bewenden lassen. Selbst auf die Gefahr hin, daß in Zukunft auch für ihn das Motto gelten wird, das dem Massentourismus hier schon immer die Richtung weist: bei Rovereto rechts raus!

2. Der verschwundene See
oder Wie die Schiffe klettern lernten

Wo, bitte, ist der See geblieben? Wir haben doch alles richtig gemacht, haben die Autobahn an der Ausfahrt Rovereto-Süd verlassen, wir sind brav den Schildern Richtung Riva gefolgt, haben uns dann über ein gutes Dutzend ampelbewehrter Kreuzungen durch das scheinbar nur aus Einkaufsmärkten bestehende Städtchen Mori gequält und schließlich Loppio erreicht. Immerhin ging es dabei bereits deutlich bergauf, also dem See entgegen. Noch haben wir ihn nicht gesehen, aber wir wissen ja: Irgendwo da oben muß er liegen.

Nein, wir reden nicht vom Gardasee – noch nicht. Zwar hat man von der Etschtalautobahn aus, auch wenn man es besser weiß, stets das Gefühl, der Gardasee liege deutlich über einem – schließlich geht es von dort aus links wie rechts ausschließlich nach oben. Und die Fahrt von der Autobahn zum Gardasee selbst scheint dieses Gefühl nur zu bestätigen: Man fährt eine knappe halbe Stunde aufwärts bis zum kleinen San-Giovanni-Paß, der den Übergang zwischen Etschtal und Gardasee bildet, braucht aber vom Paß über Nago hinunter an den See allenfalls zehn bis 15 Minuten. Und trotzdem trügt das Gefühl: In Wahrheit liegt der Gardasee, auch wenn er sich zumindest in seinem Nordteil sehr eindeutig als Bergsee präsentiert, gerade mal 65 Meter über dem Meeresspiegel, und damit noch 100 Meter tiefer als die Autobahnabzweigung bei Rovereto.

Doch wie gesagt, noch suchen wir gar nicht nach dem Gardasee, sondern nach einem der 21 – in Worten: einundzwanzig! – kleineren bis winzigen Seen, von denen der riesige Gardasee umgeben ist, dem Lago di Loppio. Nur eben, wir finden ihn nicht, obwohl wir doch hier, zwischen Loppio und dem San-Giovanni-Paß, der Landkarte zufolge gerade dicht an seinem Ufer entlangfahren müßten.

Den Dichterfürsten Dante Alighieri und Johann Wolfgang von Goethe wäre das nicht passiert. Als die beiden hier vorbeikamen, der eine gegen Ende des 12. Jahrhunderts, der andere ein gutes halbes Jahrtausend später, hatten sie nicht die geringste Mühe, den Loppiosee zu finden. Daß sein Anblick sich in ihrem Schaffen dennoch nicht niederschlug, liegt daran, daß sie beide auf bedeutendere Ziele fixiert waren. Goethe zeigte sich, kaum daß er am 12. September 1786 auf seiner italienischen Reise die westliche Spitze des Loppiosees und damit den Paß erreicht hatte, durch den nun auf einen Schlag frei gewordenen Anblick des Gardasees »herrlich belohnt« und ärgerte sich – typisches Urlauberverhalten – lediglich darüber, daß keiner seiner zurückgebliebenen Freunde neben ihm stand, um die »Aussicht, die vor mir liegt«, gebührend zu würdigen. Ganz anders Dante, der gut 500 Jahre vorher hier war. Er verlor nicht einmal über den Gardasee ein Wort; statt dessen ließ der Dichter der »Göttlichen Komödie« sich vom gewaltigen Felssturz der *Palestra di Rocca* jenseits der Paßhöhe zur Beschreibung jener schauerlichen Felswüste inspirieren, die den Eingang der Hölle umgibt – Sie wissen schon: »Ihr, die ihr hier eintretet, laßt alle Hoffnung fahren.«

Merkwürdigerweise tat sich exakt unterhalb der Stelle, an der Dante damals gestanden haben muß, tatsächlich ein unterirdischer Schlund auf – allerdings erst um die Mitte des 20. Jahrhunderts, als die italienischen Behörden sich entschlossen, einen Kanaltunnel in den Bergwall zwischen Etschtal und Gardasee zu graben, um die Etsch bei Hochwassergefahr schnell entfluten zu können. Und damit sind wir endlich auf der Spur unseres verschwundenen Sees. Entflutet wurde nämlich zunächst nicht die Etsch, sondern der im Zuge der Kanalbauarbeiten angebohrte Loppiosee – und das trotz aller Berechnungen, die genau das verhindern sollten.

Deswegen erstreckt sich heute nördlich der Paßstraße anstelle des Sees ein wild bewachsenes Sumpfgebiet, und zwar eines, das durchaus einen Besuch wert ist. Der kleine Spaziergang zu dem von der tempelartigen Kapelle des heiligen Johannes Nepomuk (nach dem der Paß benannt ist) gekrönten Sumpfinselchen Elosina führt durch ein landschaftlich außerordentlich reizvolles, mittlerweile unter Naturschutz gestelltes Biotop, auf dem zahlreiche seltene und sogar einige anderswo ausgestorbene Pflanzenarten gedeihen. Und er führt zudem zum Schauplatz eines ebenso absurden wie spektakulären historischen Ereignisses, des Transports einer kompletten Kriegsflotte von der

Etsch in den Gardasee – und zwar auf dem Land- respektive auf dem Gebirgsweg.

Stattgefunden hat diese Unternehmung im Jahr 1439. Ihre komplizierte Geschichte und Vorgeschichte interessiert uns hier auch deshalb, weil sie zugleich viel über die politische Geographie des Gardasees erzählt, die die Geschicke der Region jahrhundertelang geprägt hat. Auch heute noch grenzen ja drei (mittlerweile ausnahmslos italienische) Provinzen an den See: im Norden das Trentino, das seinerseits zusammen mit Südtirol die weitgehend autonome Gesamtregion Trentino-Alto Adige bildet, im Osten die zur Region Venetien zählende Provinz Verona und im Westen schließlich die lombardische Provinz Brescia.

Eben um die zuletzt Genannte ging es im Jahr 1439 vor allem. Obwohl sie im erweiterten Einzugsgebiet des mächtigen Mailand lag, gehörte die Stadt Brescia damals zu Venedig, wie übrigens fast der gesamte Gardasee selbst. Die einzige Ausnahme bildete das von den Mailändern besetzte Riva.

Der immer neu aufflammende Streit der beiden Machtzentren Venedig und Mailand um die zwischen ihnen liegenden Gebiete Oberitaliens eskalierte in jenem Jahr, als die Venezianer Riva eroberten und die vom Geschlecht der Visconti regierten Mailänder Brescia zu belagern begannen. Weil die Viscontitruppen zugleich die Gebiete südlich des Sees in ihrer Hand hatten, waren sie in der Lage, den von Venedig nach Brescia geschickten Entsatztruppen den Weg zu versperren. Und da sie inzwischen in Riva eine eigene Gardaseeflotte gebaut und vom Stapel gelassen hatten, schien damit auf Dauer auch der Besitz des Gardasees für Venedig verloren.

Die naheliegende Gegenmaßnahme, schnellstens auch eine venezianische Flotte auf den See zu schicken, mußte daran scheitern, daß die Mailänder die einzige Wasserverbindung im Süden des Sees, den Mincio, jederzeit zu sperren in der Lage waren. Für einen unterirdischen Kanal von der Etsch zum Gardasee hätten sie in dieser Situation mit Sicherheit sehr viel gegeben – aber an ein derartiges Projekt war zu jener Zeit nicht einmal zu denken. Unvorstellbar, ja wahnwitzig erschien den Venezianern allerdings auch das Unternehmen, das der aus Kreta stammende venezianische Offizier Nicolò Sorbolo statt dessen vorschlug. Sorbolos Plan nimmt sich auch aus heutiger Sicht noch höchst bizarr aus, bizarrer noch als der fast ein halbes Jahrtausend später von Brian Sweeney, genannt Fitzcarraldo, geplante Transport eines Passagierschiffs über einen brasilianischen Urwaldberg. Anders als Fitzcarraldo (dem Werner Herzog in seinem gleichnamigen Film ein Denkmal schuf) setzte sich Sorbolo nämlich in den Kopf, gleich eine ganze Flotte über die Berge in den Gardasee zu schaffen. Natürlich haben ihn die venezianischen Befehlshaber zunächst einmal ausgelacht; doch bald stellte sich heraus, daß sie keine andere Wahl hatten, wenn sie nicht Brescia und den Gardasee aufzugeben bereit waren.

Quizfrage zwischendurch: In welchen Fluß mündet eigentlich die Etsch? In den Po? In den Tiber? In den Mincio? Oder in keinen von den dreien? Bitte riskieren Sie an dieser Stelle nicht die Publikumsfrage! Denn das Publikum, jedenfalls das deutsche, wird mit geschätzten 85 bis 95 Prozent auf den Po tippen. Doch das ist, ähnlich wie der »oben zwischen den Bergen« liegende Gardasee, wieder nur eine der geographischen Täuschungen, denen wir als notorische Kfz-Reisende unterliegen. Schließlich fährt jeder, der über die Brennerautobahn (oder über den Reschenpaß) in Richtung Süden unterwegs ist, zunächst stundenlang durch das Etschtal und überquert danach den Po. In welchen anderen Fluß sollte die Etsch also münden? Aber nichts da – richtig wäre die Antwort d gewesen. Denn die scheinbar kleine Etsch, die wir von der *autostrada* aus häufig nur als eine Art kräftigeren Gebirgsbach wahrnehmen, ist in Wahrheit nach dem Po Italiens zweitgrößter Fluß. Daß wir sie unterschätzen, liegt daran, daß sie die wenigen Kilometer zwischen Verona und dem Po nutzt, um unseren motorisierten Wahrnehmungsorganen ein Schnippchen zu schlagen, sich jäh nach links zu wenden und schließlich nicht in irgendeinen anderen Fluß, das wäre unter ihrer Würde, sondern direkt in die Adria zu münden.

Im Mittelalter, wo die Flüsse als Transportwege eine weit wichtigere Rolle spielten als heute, war man sich der Bedeutung der Etsch sehr wohl bewußt. Ganz besonders galt das für die Venezianer; denn die Etschmündung liegt nahe bei Chioggia, und Chioggia wiederum (nebenbei gesagt: ein außerordentlich reizvolles, wie Venedig von zahlreichen Kanälen durchzogenes Städtchen) liegt am Südende der venezianischen Lagune.

Damit war der größte Teil des Weges vorgezeichnet, den die zum Gardasee aufbrechenden sechs großen Galeeren, zwei Galeonen und 26 Kriegsbarken der venezianischen Flotte im Jahr 1439 einzuschlagen hatten: von Venedig nach Chioggia und in die Etsch, danach flußaufwärts über Verona nach Mori. Zwischen diesen beiden Städten lag und liegt die enge und strudelbewehrte Veroneser Klause – ein durchaus gefährliches Hindernis, aber nicht der Rede wert im Vergleich zu dem, das die Flotte bei Mori erwartete: die erst über Wiesen und Äcker, dann über steinige Bergpfade in den Loppiosee (der damals noch ein echter See war), anschließend über eine brüchige, bis dahin allenfalls für Fußwanderer und Maulesel gangbare Felsstufe führende Route hinauf zum San-Giovanni-Paß – und von dort über einen steil abfallenden Schrofenhang endlich in den Gardasee.

Die »leichte« erste Etappe des Wegs bewältigten die Kriegsschiffe mit Hilfe von 2000 Zugochsen und etlichen Tonnen Schwarzpulver, das den venezianischen Pioniertruppen zur Freisprengung des Anstiegs diente. Dann wurde der gesamte, damals den Loppiosee umstehende Bergwald gefällt (von den prompt einsetzenden Muren und Lawinen, die sich von da an ungehindert Richtung Loppio und Mori bewegten, ist in den regionalen Chroniken noch Jahrzehnte später die Rede) und die Baumstämme zu Rollen verarbeitet, auf denen man an Tausenden von Seilen die Flotte erst auf die Paßhöhe zog und sie anschließend in den Gardasee hinunterließ.

Das Verblüffende an dieser Leistung wird dem Interessierten erst klar, wenn man die Ausmaße der transportierten Schiffe kennt. So war jede der sechs Galeeren 50 Meter lang und sechs Meter breit, verfügte über zwei große Masten und über 50 Rudererplätze. Und, fast unglaublich: Keine einzige Galeere und auch keines der anderen Schiffe ging zu Bruch. Jedenfalls nicht, solange die Flotte mit ihrer Bergtour beschäftigt war. Zu Schäden kamen sie erst, als sie wieder im Wasser schwammen. Schließlich hatten die mailändischen Besatzer von Riva den schwierigsten und letzten Teil des Transports vom unweit des Passes gelegenen *Castel Penede* zum Seeufer von Torbole tagelang mit bloßen Augen verfolgen und sich entsprechend auf das feindliche Unternehmen einstellen können. Am 20. November 1439 entschlossen sie sich dann zum Eingreifen, und es kam bei Torbole zu einer Seeschlacht, während der ein großer Teil der so mühsam herangeschafften venezianischen Flotte binnen weniger Stunden versenkt wurde.

Eine militärische Tragödie? Allenfalls eine vorübergehende: Noch grasten ja die Zugochsen drüben im Etschtal, noch lagen die Rollen bereit und hingen die Lastenseile in den Felswänden. Also konnten die Verlierer auf schnellstem Wege Ersatz aus Venedig heranschaffen, wobei sie diesmal – Erfahrung macht klug – auf den Transport ganzer Schiffe verzichteten und sich nur das Material liefern ließen, um in der folgenden Winterpause sechs neue Galeeren und ein paar Dutzend weitere Barken zu bauen. Anschließend warteten beide Flotten auf den Frühling, die venezianische im Hafen von Torbole, die der Mailänder schräg gegenüber im nur 2500 Meter davon entfernt liegenden Hafen von Riva. Am 10. April des folgenden Jahres war das Kriegsglück dann bei den Schnelleren: Die Venezianer, die ihre Ankerplätze noch bei Dunkelheit verlassen hatten, überrumpelten ihre Gegner in deren Hafen, enterten nach heftigem Kampf die mailändischen Schiffe und gewannen Riva schließlich zurück.

Der Gardasee war von da an wieder fest in den Händen Venedigs. Die Herrschaft der Serenissima dauerte mehr als 350 Jahre; beendet wurde sie erst durch Napoleon, der 1796 die venezianische Republik zunächst eroberte und anschließend auflöste. Im Jahr darauf, nach dem Frieden von Campo Formio, kehrten die Mailänder ans Westufer des Sees zurück, zunächst allerdings nur als Untertanen der von Napoleon gegründeten Cisalpinischen Republik, während Riva, das gesamte Ostufer und Verona an Österreich fielen.

Die Trecking-Tour der venezianischen Flotte zum Gardasee war seinerzeit eine europäische Sensation; der Chronist und Historiker Sebellicus hat sie ausführlich geschildert, und Tintorettos Deckengemälde der Seeschlacht von Riva ist über der großen Ratstreppe des Dogenpalastes von Venedig zu besichtigen. Um so erstaunlicher ist es, daß die Geschichte dieser Expedition heute außerhalb der Gardaseeregion vollkommen in Vergessenheit geriet. Eher unauffällig, auf einer Felswand seitlich der Paßhöhe von San Giovanni, ist auch die Metallplatte angebracht, die vorübergehende Wanderer und Spaziergänger an das Ereignis erinnert. Und in dem Ausstellungsraum des Burgmuseums von Malcesine, der der ausführlichen Dokumentation jener spektakulären Ereignisse gewidmet ist, trifft man selten einmal mehr als eine Handvoll Besucher.

Doch soweit sind wir noch nicht. Erst einmal machen wir es den Schiffen nach und bewegen uns vom San-Giovanni-Paß abwärts in Richtung Torbole.

3. Kontaktaufnahme
oder An Goethe kommt keiner vorbei

Im Auto braucht man für den Weg vom San-Giovanni-Paß nach Torbole allenfalls eine Viertelstunde, die letzte Viertelstunde der in der Regel vielstündigen Anreise zum See. Klar, daß den Reisenden auf diesen Schlußmetern, auf denen sie obendrein ständig das verlockende Seepanorama vor Augen haben, die Ungeduld abwärts treibt. Nun bloß keine Fahrtunterbrechung mehr, denken sie. Und rasen deswegen, bevor sie überhaupt angekommen sind, gleich an zwei hochspektakulären Plätzen vorbei.

Deren erster ist in wirklich jedem Reiseführer verzeichnet, weswegen wir uns hier auf einen kurzen Hinweis beschränken können. Es sind die *Marmitte dei Giganti*, die Gletschermühlen der Riesen. Mit der deutschen Bezeichnung ist schon das Wichtigste gesagt: Die gewaltigen Gletscher der letzten Eiszeit haben durch ihre starken Drehbewegungen riesige Trichter und Höhlungen in den Kalkfels gegraben – eine wild-bizarre, fast unmittelbar über dem

See gelegene und von einer üppig blühenden Strauchvegetation bewachsene Kleinlandschaft, die Reisende zu kurzen oder ausgedehnteren Streifzügen geradezu suggestiv einlädt. Man muß schon ein sehr unempfängliches Gemüt besitzen, um hier nicht das Staunen zu lernen – vorausgesetzt, man ist nicht achtlos an dem kleinen Parkplatz unterhalb von Nago vorbeigerauscht, von dem aus verschiedene Erkundungspfade in die *Marmitte* hineinführen.

Die zweite Attraktion auf unserem Weg steht dagegen in keinem Reiseführer verzeichnet. Und übersehen, wir haben es oft beobachtet, wird sie nicht nur von den ungeduldig zum See drängenden Autofahrern, sondern auch von Leuten, die ein paar Meter neben ihr stehen.

Zugegeben dabei: Diese Ignoranz hat auch ihr Gutes. Wäre es anders, würde die kleine Freiluftbar neben dem Parkplatz der *Marmitte dei Giganti* nämlich nicht mehr lange bleiben, was sie ist: einer unserer Lieblingsplätze über dem Gardasee. Auch wir sind unzählige Male hier vorübergefahren – irgendwelche Getränke und kleine Imbisse feilhaltende Kioske stehen schließlich überall an italienischen Landstraßen herum, und dieser hier sieht auf den ersten Blick auch alles andere als einladend aus: Wer will seinen Cappuccino oder sein Lemonsoda schon direkt neben der Zufahrtsstraße zum See trinken, auf der die Autos in beide Richtungen ununterbrochen bergauf und bergab unterwegs sind?

Manchmal, am Freitagabend oder samstags gegen zehn Uhr vormittags, wenn die Surfer nach Torbole einströmen und Tausende von Wochenendurlaubern mit ihnen, stehen die Autos schon hier oben im Stau. Routinierte Gardaseeurlauber wissen das und vermeiden diese Anreisezeiten. Manchmal freilich kann man sich's nicht aussuchen – und so standen eines Tages auch wir neben den *Marmitte* im Stau, und standen und standen...Bis es uns zu dumm wurde, wir das Auto auf den Parkplatz stellten und uns zu jener kleinen Bar begaben. Einen schnellen Espresso, dachten wir (am Gardasee müssen Sie einen *espresso* bestellen, wenn Sie einen Espresso wollen – falls Sie als fortgeschritten Italienkundiger korrekterweise *caffè* sagen, wird man Ihnen hier einen deutschen Filterkaffee oder, noch schrecklicher, einen sogenannten *caffè lungo*, also einen mit viel und meist lauwarmem Wasser gestreckten Espresso servieren) – einen schnellen Espresso also, dann wird sich der Stau schon irgendwie aufzulösen beginnen.

Der Stau löste sich tatsächlich in wenigen Minuten auf. Aber wir saßen noch fast eine Stunde lang in der kleinen Bar oder, genauer gesagt, bei der kleinen Bar. Mittlerweile hatten wir nämlich entdeckt, daß dieser unscheinbare Kiosk am Eingang einer einst vom Gletscher in den Fels gemahlenen und zum See hin offenen Mulde steht, einer Art von natürlichem Amphitheater also, gebildet aus mehreren halbkreisförmig übereinanderliegenden Terrassen. Diese mit Gras bewachsenen und von einigen Olivenbäumen bestandenen Plattformen haben die beiden jungen Betreiber der Bar durch Steintreppen miteinander verbunden, haben dann Tische und Stühle auf die Terrassen gestellt, ein paar Lampen montiert, alles vollkommen unaufwendig, und schon war der kleine Barkiosk zur Café-Arena erweitert.

Verzieht man sich mit seinen Getränken auf eine der hinteren Terrassen, gewinnt man sogar Abstand von der Straße. Nicht mehr als 15, maximal 20 Meter Abstand, gewiß; aber noch mehr Abstand zur Straße, das lernen wir bei dieser Gelegenheit auch gleich, ist am Gardasee kaum jemals drin. Auf der einen Seite der immer dicht am Ufer entlang verlaufenden Straße Wasser oder Häuser, auf der anderen Häuser oder Felsen – das ist die normale Ausgangssituation hier. Und an den wenigen Stellen, an denen die Straße das Ufer verläßt, wird es erst recht eng.

Mehr davon später. Noch sind wir ja nicht am Ufer angekommen, noch sitzen wir hier auf den felsigen Rängen unserer Café-Arena. Von uns aus gesehen bilden die Straße und der Barkiosk jetzt das Proszenium, und der Himmel wie die links steil ansteigenden und rechts fast lotrecht in die Höhe schießenden Uferberge den Bühnenhintergrund. Die eigentliche Bühne aber ist der See selbst.

Das einzige, was jetzt noch fehlt, zwar nicht unbedingt zu unserem Glück, aber womöglich zu dem der Barbetreiber und vieler ihrer deutschen Gäste, ist der an sämtlichen prominenten Plätzen des Gardasee-Ostufers eigentlich obligatorische Hinweis »Goethe war hier«. Doch da können wir aushelfen: Goethe war tatsächlich hier, genau hier, in dieser vom Gletscher aus dem Fels geschliffenen kleinen Arena über Torbole. Dafür, daß das vor uns offensichtlich noch keiner gemerkt hat, lassen sich zwei Erklärungen denken. Die erste haben wir bereits erwähnt: Es ist die Ungeduld der meisten Gardaseereisenden, endlich den See zu erreichen, die sie davon abhält, die bezaubernde Lage dieses Platzes zu erkennen. Allenfalls nehmen sie im Vorüberfahren den Parkplatz und den Barkiosk wahr, zwei Einrichtungen also, von denen Goethe garantiert keinen Gebrauch gemacht hat.

Apropos Einrichtungen und Gebrauch machen: Während seines Gardasee-Aufenthalts hat Goethe auch einen Sachverhalt registriert, der lange Zeit das Hauptproblem praktisch aller deutschen Italienreisenden darstellte: die Konstruktion und den beklagenswerten Zustand italienischer Toiletten. Das glauben Sie nicht? Bitte schön: »Torbole, den 12. September 1786, nach Tische – (hier) fehlt eine höchst nötige Bequemlichkeit, so daß man dem Naturzustande hier ziemlich nahe kömmt. Als ich den Hausknecht nach einer gewissen Gelegenheit fragte, deutete er in den Hof hinunter…«

Der Dichterfürst als Mensch! Wieso wird dieses schöne Zitat uns Nachfahren und Nachfahrern so hartnäckig vorenthalten? Eben weil es auf den Menschen hinweist und seine höchst menschlichen Bedürfnisse? Vielleicht. Wahrscheinlicher aber ist es, und damit kommen wir auf die zweite Erklärung, daß Goethes »Italienische Reise« – wie auch, so fürchten wir, des Meisters andere Werke, sehr viel seltener gelesen als in wenigen ausgesuchten Zitaten übermittelt werden. Und diese Ausschnitte schreibt überdies seit Generationen einer vom anderen ab, leider übrigens auch ein Reiseführer-Autor vom anderen. So wird, was einmal des Zitierens für würdig befunden wurde, ewig wiederholt, und was bislang nicht zitiert wurde, gerät in Gefahr, auf ewig in Vergessenheit zu geraten.

Das können wir nun wenigstens im Fall unserer Gletschermühlen-Arena ändern, indem wir die Zahl der abschreibfähigen Goethe-Gardasee-Zitate um ein weiteres bereichern: »Wenn man hinaufkommt, liegt ein ungeheurer Felsriegel hinten vor, über den man nach dem See hinunter muß. Hier zeigten sich die schönsten Kalkfelsen zu malerischen Studien. Wenn man hinabkommt, liegt ein Örtchen am nördlichen Ende des Sees und ist ein kleiner Hafen oder vielmehr Anfahrt daselbst, es heißt Torbole. Die Feigenbäume hatten mich schon den Weg herauf häufig begleitet, und indem ich in das Felsamphitheater hinabstieg, fand ich die ersten Ölbäume voller Oliven.«

Richten wir den Blick von diesem Amphitheater aus in die Weite, meinen wir, Bühne und Hintergrund, See, Berge und Himmel dort draußen im Süden und Südwesten ineinander verschwimmen zu sehen. Unmittelbar vor und unter uns aber scheint alles zum Greifen nah: das Wasser, die Boote und die Surfer, die sich über den See bewegen, die Häuser der nördlichen Uferorte. Übrigens, es sind sehr viele Häuser, man könnte auch sagen: erschreckend viele. Weit und breit ist kaum ein unbebautes Stück Uferlandschaft auszumachen; wo immer die Berge Platz gelassen haben, stehen Gebäude am See, fahren Autos, drängeln sich Boote aller Art in kleinen Häfen zusammen.

Manch einer, der zum ersten Mal von hier auf den Gardasee und seine Ufer schaut, kann dabei, trotz aller Vorfreude, eine leise Skepsis nicht leugnen. Gegen den Strom schwimmen, schön und gut – aber wie soll das hier überhaupt funktionieren? Wo der See so wenig Platz für die Menschen läßt, wird da nicht jeder, der sich in die Scharen der Seebesucherscharen einreiht, ganz zwangsläufig zum Massentouristen?

Gegen solche Befürchtungen hilft in unserem Fall schon ein Blick in die allernächste Umgebung. Die Terrassentische der kleinen *Marmitte*-Bar bieten Platz für 35, vielleicht 40 Leute, und in verkehrsstarken Zeiten kommen hier mehr als zweitausend Autos pro Stunde vorbei, mit geschätzten fünftausend Insassen. Rein rechnerisch also stehen die Chancen miserabel, an diesem Fleck überhaupt einen Tisch zu ergattern. In Wirklichkeit aber trifft man hier selten mehr als ein Dutzend Gäste. Und es hat mehr als einen Sommerabend gegeben, an dem wir ganz allein respektive, was ja noch schöner ist, allein zu zweit mit unserem Aperitif in diesem Amphitheater saßen und das Schauspiel des Sonnenuntergangs über dem See und den Brescianer Alpen genossen.

Warum das so ist, können wir nicht erklären; es reicht uns zu wissen, daß es so ist. Ein wenig kennen wir die Sache vom Skilaufen auf vielbefahrenen Hängen: Auch da braucht es oft nicht mehr als 100 Meter Schrägfahrt von der Piste weg, um völlig allein in einer fast unberührten Winterlandschaft zu stehen.

Mit anderen Worten, nichts ist verläßlicher als der Massentourismus: Die Plätze, an denen er vorbeirauscht, sind oft die allerschönsten – selbst dann, das lernt man am Gardasee, wenn die Massen ganz nah an ihnen vorüber brausen.

Wir aber brausen jetzt erst einmal mit besagten Massen hinunter nach Torbole hinein – und ein paar Minuten später auch schon wieder aus Torbole heraus. Anders als Goethe, auf dessen Aufenthalt in Torbole die kleine Stadt bis heute stolz ist: »Heute habe ich an der Iphigenie gearbeitet, es ist im Angesichte des Sees gut vonstatten gegangen«, notierte der Dichter am 12. September 1786 in sein Reisebuch. Eben dieser Satz bildet heute auch die Inschrift des kleinen Säulenbrunnens an der *piazza Vittorio Veneto*. Nachempfinden läßt sich das nicht wirklich; denn ausgerechnet von diesem Platz aus ist der See nicht zu sehen. Doch auch wenn wir ihn sähen, wäre ein klassisches Theaterstück das letzte, zu dem uns der See heute inspirieren würde. Es sei denn, wir trügen uns mit dem revolutionären Gedanken, ein Surferdrama zu schreiben. Denn Goethe hin, Goethe her, Torbole gehört mittlerweile ausschließlich den Surfern, die an keinem Platz Europas so günstige Windverhältnisse vorfinden wie hier.

Das Spannende dabei ist, daß die Gardaseewinde aus allen Himmelsrichtungen kommen, teils zu vorausberechenbaren Zeiten, teils aber auch sehr überraschend. Der wichtigste dieser Winde weht mittags von Süden her über den See; er setzt heftig und vor allem pünktlich um 13 Uhr ein, so pünktlich, daß man nach ihm die Uhr stellen kann – und eben deswegen wird er auch *ora* genannt: die Stunde. Der *ora* unmittelbar voraus geht die auch am Gardasee übliche Mittagsflaute: Zeit für die Surfer, schnell einen Happen zwischendurch einzuwerfen. Davor nämlich, vom frühen Morgen bis kurz vor zwölf, sind sie mit dem von den Bergen her einfallenden Nordwind beschäftigt, der hier gleich eine ganze Palette von Namen hat: *tramontana*, *pelèr*, *sover* oder ganz einfach nur *vento*. Kompliziert, und eben darum für Surfer reizvoll, wird die Sache aber erst durch die oft stark böigen Winde, die sich aus den Seitentälern des Gardaseebeckens in diesen geordneten Ablauf einmischen: der *ponale* aus dem von der Seespitze nach Westen hinaufziehenden Ledrotal, der *vent da mut* aus dem hoch über dem Westufer gelegenen Valvestino oder der *bali*, der seinen Namen vom Balino-Paß hat, der den im Norden des Gardasees liegenden Tennosee mit den Trientiner Tälern verbindet.

Wann, wie und warum genau diese lokalen Winde wehen oder ausbleiben, ist auch für Fachleute schwer herauszufinden. Wir als blutige Laien mischen uns da gar nicht erst ein, überlassen Torbole endgültig den Surfern und wenden uns statt dessen nach Süden. Wobei wir, ob wir wollen oder nicht, nun doch wieder Goethes Spuren folgen: Zumindest bis Malcesine wird den Dichterfürsten keiner los. Allein das, finden wir, ist schon ein guter Grund, Malcesine so rasch wie möglich anzusteuern. Und auf dem Weg dorthin, den See stets zur Rechten, die von Steineichen, Pinien und Oliven bestandenen Abhänge des Monte Baldo zur Linken, ein paar Gedanken auf jenen Goethe-Kult zu verschwenden, der den oberen Teil des Gardasee-Ostufers so merkwürdig dominiert.

Sehr wahrscheinlich handelt es sich dabei auch um ein Relikt aus den 50er Jahren des letzten Jahrhunderts. Die deutschen Touristen, die schon vorher, von der Mitte des 19. Jahrhunderts an, hierherkamen (wir werden von ihnen noch hören), hatten nämlich mit dem Thema »Goethe am Gardasee« so gut wie nichts am Hut, obwohl sie samt und sonders den gebildeten Ständen zuzurechnen waren. Und umgekehrt spielten andere Geistesgrößen wie Friedrich Nietzsche, Robert Musil oder Rainer Maria Rilke, die es ebenfalls hierhergezogen hat, im Gardaseetourismus der 50er Jahre eine im Vergleich zu Goethe nahezu verschwindende Rolle. Der Grund dafür: Nie hatten die Deutschen eine auch international anerkannte und zugleich ideologisch weitgehend unangreifbare Autorität wie Goethe so dringend nötig wie in der Zeit nach dem Zweiten Weltkrieg, als sie gezwungen waren, die Reste ihres unter und mit Hitler zerstörten Selbstbewußtseins wieder mühsam zusammenzukratzen.

Nur wenig überspitzt könnte man sagen: So wie die große Italienreisewelle der frühen Wirtschaftswunderzeit ein Resultat des materiellen, war die nahezu sklavische Goetheverehrung ein Resultat des ideellen deutschen Wiederaufbaus – und hier am Gardasee traf dann beides zusammen.

Was damit allerdings noch nicht ganz erklärt wird, ist die

Bereitschaft, mit der die italienischen Gastgeber der Deutschen am Gardasee jenen Goethekult mitmachen. Ist doch klar, könnte man sagen, die Gastgeber wissen eben, was ihre Gäste hören wollen. Doch ganz so einfach liegt der Fall nicht – zumal Goethe mittlerweile nicht nur den Surfern in Torbole, sondern wohl auch den allermeisten anderen deutschen Touristen hier längst wieder herzlich egal geworden ist. Möglicherweise haben aber die Italiener Goethes Vorläuferrolle richtiger begriffen als wir Deutschen. Denn in Wahrheit war Goethe keineswegs ein touristischer Pionier in dem Sinne, daß er uns, seinen Landsleuten, bewußt vorausfuhr – er dachte nicht daran, irgend jemandem vorauszufahren, er fuhr einzig und allein für sich selbst und zu seinem eigenen Vergnügen. Wenn Goethe überhaupt als Pionier des Fremdenverkehrs bezeichnet werden kann, dann aus der Sicht der Gastgeber, denen er ganz bewußt beibrachte, wie sich aus der Reise- und Entdeckungslust von Touristen Kapital schließen ließ.

Eben dies, Goethe als Fremdenverkehrsberater, ist auch die wahre, wenn auch von nahezu sämtlichen Nacherzählern unterdrückte Pointe der vielstrapazierten und dabei meist enorm aufgebauschten Geschichte von Goethes angeblicher Verhaftung als Spion in Malcesine. Den Dichter, der von Torbole aus auf einem Segelkahn unterwegs war, hatten die Seewinde gegen seinen Willen nach Malcesine getrieben, das damals als nördlichster Vorposten des venezianischen Staatsgebietes am Gardasee noch Grenzstadt war.

Gerade wenn man sich Malcesine vom See her nähert, ist die mächtig über dem Städtchen thronende Scaligerburg nicht zu übersehen; also machte sich Goethe, wie später Millionen von Touristen nach ihm, gleich nach seiner Ankunft auf den Weg zu jenem damals unbewohnten und vom Zahn der Zeit gehörig angefressenen Gemäuer, setzte sich in den Burghof und begann dort seiner unglücklichen Leidenschaft nachzugehen, nämlich zu zeichnen. Damit erregte er die mißtrauische Aufmerksamkeit der Leute von Malcesine, die sich fragten, was um Himmels willen dieser fremde Mensch an diesem Gemäuer so Besonderes finde. Es kam zum Disput, an dem sich schließlich auch die Ortshonoratioren beteiligten, und schließlich zur allgemeinen Verbrüderung.

Das war auch schon alles. Die später so begeistert kolportierte Behauptung, man habe ihn ernsthaft wegen Spionage verhaften wollen, erhob nicht einmal Goethe selbst, auch wenn er den Vorfall in seinem Reisetagebuch, wie das halt seine Art war, reichlich selbstgefällig aufbauschte. Zwar zitierte er nebenbei die Ansicht des *podestà*, also des Gemeindevorstehers von Malcesine, an dem alten Kastell sei »nichts Merkwürdiges, als daß es die Grenze zwischen dem Gebiete Venedigs und dem österreichischen Kaiserstaate bezeichne und deshalb nicht ausspioniert werden solle«. Doch von einer drohenden Festnahme oder gar Bestrafung war dabei nicht einmal andeutungsweise die Rede.

Viel bedeutender erscheint einem aus heutiger Sicht der Fortgang des Berichts, in dem der welterfahrene Großbürger Goethe nun schildert, wie er diese merkwürdigen Provinzler am Gardasee über die ihnen selbst bis dahin noch unbekannten Schätze ihres Wohnorts aufklärte. Es lohnt sich, die Passage ganz zu zitieren:

»Ich erklärte mich dagegen weitläufig, daß nicht allein griechische und römische Altertümer, sondern auch die der mittlern Zeit Aufmerksamkeit verdienten. Ihnen sei freilich nicht zu verargen, daß sie an diesem von Jugend auf gekannten Gebäude nicht so viele malerische Schönheiten als ich entdecken könnten. Glücklicherweise setzte die Morgensonne Turm, Felsen und Mauern in das schönste Licht, und ich fing an, ihnen dieses Bild mit Enthusiasmus zu beschreiben. Weil aber mein Publikum jene belobten Gegenstände im Rücken hatte und sich nicht ganz von mir abwenden wollte, so drehten sie auf einmal, jenen Vögeln gleich, die man Wendehälse nennt, die Köpfe herum, dasjenige mit Augen zu schauen, was ich ihren Ohren anpries, ja der Podestà selbst kehrte sich, obgleich mit etwas mehr Anstand, nach dem beschriebenen Bilde hin.«

Mit anderen Worten, Goethe lehrte die Leute von Malcesine, ihre Heimat nicht länger mit ihren eigenen Augen zu sehen, sondern mit denen des herbeigereisten Touristen aus Deutschland. Exakt diese Situation – und nicht etwa die bloße Anwesenheit Goethes – markiert wohl tatsächlich die Geburtsstunde des Fremdenverkehrs am Gardasee. Die böse Pointe dabei: Liest man Goethes Text ganz genau, bemerkt man, daß er persönlich die Burg von Malcesine keineswegs so attraktiv fand, wie er es die Leute glauben machte. Er verhielt sich nur wie ein PR-Stratege. Zuerst verunsicherte er das Geschmacksurteil der Einheimischen, dann bediente er ziemlich zynisch deren nostalgisches Dekorationsbedürfnis, und zuletzt forderte er sie kaum verhüllt auf, seinem Vorbild nachzuahmen und daraus touristischen Profit zu schlagen. Und so, weil er schon einmal dabei ist, erklärt er gleich auch noch den Efeu, der die verfallenden Burgmauern umrankt, zur Sehenswürdigkeit: »Diese Szene kam mir so lächerlich vor, daß mein guter Mut sich vermehrte und ich ihnen nichts, am wenigsten den Efeu schenkte, der Fels und Gemäuer auf das reichste zu verzieren schon Jahrhunderte Zeit gehabt hatte.«

Und der Trick funktionierte. Die gleichen Leute, die noch kurz zuvor nicht verstehen konnten, was zum Teufel denn an ihrem Malcesine und seiner Burg so Besonderes sei, verabschieden Goethe nun wie gelernte Fremdenverkehrswerber: »Wir wollen ihn freundlich entlassen, damit er bei seinen Landsleuten Gutes von uns rede und sie aufmuntere, Malcesine zu besuchen, dessen schöne Lage wohl wert ist, von Fremden bewundert zu sein.«

Wir aber – fallen wir am Ende auch nur dem gleichen Trick zum Opfer? Kann es etwa sein, daß wir uns Malcesine und seine Scaligerburg nur allzugern schönreden lassen – und sei es nur, weil wir zu bequem sind, uns ein eigenes Urteil zu bilden, unseren Kopf und unsere Wahrnehmungssinne unbeeinflußt zu gebrauchen? Ja natürlich, das sind sehr akademische Fragen. Niemand kommt ja mehr unbefangen hierher wie in ein Land, das vor ihm noch kein Fremder betreten hat, im Gegenteil: Die Bilder, die wir hier – und sei es zum ersten Mal – vor Augen sehen, sind zugleich schon von den Blicken Hunderttausender von Vorgängern geprägt. Was da noch eigenes Urteil ist, was überzeugtes Nachvollziehen von fremden Urteilen, was bloßes Nachplappern und was gar nur Illusion ist, läßt sich so gut wie nie befriedigend auseinanderklamüsern.

Vollends zum Scheitern verurteilt wäre der Versuch, die verlorene Unbefangenheit des eigenen Blicks ausgerechnet in Malcesine wiederzugewinnen. Das nicht nur deswegen, weil die Ruine von damals längst wieder zur prachtvoll-mittelalterlichen Burg renoviert worden ist, mit einem eigenen Goethe-Gedächtnis-Raum selbstverständlich, sondern auch und vor allem, weil der vom Vormittag bis in die späten Abendstunden unablässig von Touristenscharen durchströmte Ort mit seinen historischen Altstadtgäßchen, seinen netten kleinen Plätzen und seinen zweifellos pittoresken Häusern, Innenhöfen und Tortürmen heute so wirkt wie eine Art italienisches Rothenburg ob der Tauber, dem Hunderte von Souvenirläden, Ramschgeschäften und Edelboutiquen den Rest geben.

So wird, auch wenn alles hier echt ist, aus Goethestädtchen im Handumdrehen Disneyland. Wir haben mehr als einmal versucht, diese Entwicklung wenigstens in unserer Vorstellung umzukehren und Malcesine so zu sehen, wie es früher einmal ausgesehen haben mag. Doch bis jetzt mündete noch jeder dieser Versuche nur in einem Wunsch: nichts wie raus hier!

4. Endlich allein
oder Wie Mönche fernsehen

»*Ecco*«, sagt Lorenzo, »*ecco la televisione!*« Italienisch für Anfänger: *la televisione*, das Fernsehen. Nur daß hier weit und breit kein Fernsehgerät zu sehen ist, kein Wunder, wir stehen im Freien, 305 Meter über dem Meeresspiegel, aber vom Meer ist auch nichts zu sehen. Was vor uns, unter uns liegt und fast wie ein Meer aussieht, ist in Wahrheit der See, der sich von hier aus nach links hin, Richtung Süden, jäh und sozusagen maßlos verbreitert, während er rechts, nach Norden, immer schmaler wirkt, wie ein Fjord, um allmählich unter hohen Felswänden zu verschwinden.

Das Haus, in dessen Garten Lorenzo uns geführt hat, zählt ein knappes Dutzend ständige Bewohner; doch auch im Innern des Hauses steht nirgendwo ein Fernseher. Haus ist übrigens ziemlich untertrieben. Es ist ein ganzer Gebäudekomplex, der den fast direkt vom Ostufer des Gardasees aufragenden Berggipfel des Monte San Giorgio krönt. Von einem Kranz dunkler Zypressen wie von einer natürlichen Mauer umgeben, ducken sich drei Reihen von je vier aus bräunlich-weißem Stein gebauten, von grauen Schindeln gedeckten Hauszellen, zwei Wirtschaftsgebäude und einige Schuppen im Schatten eines hochaufragenden Kirchenschiffes: eine Klosteranlage also, oder noch genauer, ein *eremo*, eine Einsiedelei. Denn es sind ganz besondere Mönche, die hier (übrigens seit Mitte des 17. Jahrhunderts) auf dem Monte San Giorgio leben: die Kamaldulenser.

Was es mit dieser Gemeinschaft auf sich hat, erklärt uns Fra Lorenzo, der sich mit einem anderen der zehn zur Zeit dort oben lebenden Mönche (von denen lediglich drei geweihte Priester sind) in der Betreuung der Besucher ablöst. Wobei diese sich unter Betreuung nichts direkt Überschäumendes vorstellen sollten; auch als Gastgeber hält sich Fra Lorenzo am liebsten an die Eremitentugend des Schweigens, sich selbst wie den Gästen zuliebe, die sich hier im Kloster für ein paar Tage einquartieren können.

Frömmigkeit wird dabei von keinem und – auch Frauen sind willkommen – von keiner verlangt; es reicht, wenn sich die Besucher an die Hausordnung halten: aufstehen um halb sechs, um sechs Frühmesse, drei weitere Andachten täglich (der Choralgesang, den die Mönche dabei anstimmen, läßt auch die stimmungsvollsten Meditations-CDs ziemlich alt aussehen), drei karge Mahlzeiten, Hüttenruhe ab 20 Uhr 30. Versteht sich im übrigen, daß dies nur das abgemilderte Besucherprogramm ist; die Mönche selbst haben sechs (stille) tägliche Andachten mehr zu absolvieren, und den Langschläferluxus, erst um halb sechs aufzustehen, leisten sie sich allenfalls, wenn sie sehr krank sind. Die Ernsthaftigkeit bei der Befolgung dieser Regeln, sagt Fra Lorenzo, sei von Anfang an typisch für die

Gemeinschaft der Kamaldulenser gewesen, die sich vor knapp tausend Jahren innerhalb des Benediktinerordens bildete, um sich noch strenger als die anderen, schon damals tatkräftig mit der Welt verbundenen Benediktiner dem ursprünglichen mönchischen Ideal der Einsamkeit zu verschreiben.

Mit anderen Worten: Es sind radikale Einsiedler, die sich dort oben angesiedelt haben, ausgerechnet dort, keine 2000 Luftlinienmeter entfernt vom Städtchen Garda und seiner Tag und Nacht von Besucherströmen überfluteten, mit Dutzenden von Bars, Ristorantes und Discos bestandenen Hafenpromenade. Am Abend, wenn der Wind vom See kommt, hört man den Lärm der Promenade auch auf dem Monte San Giorgio; aber man hört ihn als dünne, weit draußen in der Ferne vorüberziehende Geräuschfetzen, die vor allem eines bewußt machen: die tiefe Stille, in der diese Einsiedelei zu Hause ist.

Und merkwürdig: Auch der nicht nur im Sommer von Hunderttausenden besuchte Gardasee zu unseren Füßen, samt all seinen dichtbevölkerten und von zwei der verkehrsreichsten Staatsstraßen Italiens miteinander verbundenen Uferorten, wirkt trotz seiner Größe von hier oben gesehen wie eine einzige Oase des Friedens. So, als eine Art Idyll im Breitwandformat, läßt sich die Welt recht gut ertragen, nicht nur für Eremiten, aber eben auch für sie. Italienisch für fromme Einsiedler: *la televisione*, die Fernsicht.

Unsereinem, dem reisenden Laien, beschert der vollkommen entspannte Blick vom *Eremo di Monte San Giorgio* darüber hinaus ein Erweckungserlebnis der speziellen Art: Wir fühlen uns in die Epochen vor dem Beginn des Massentourismus zurückversetzt – und verstehen auf einmal, wieso der Gardasee lange Zeit als besonders exklusives, um nicht zu sagen als mondänes Reiseziel galt. Gleich unter uns, rechts von Garda, ragt zum Beispiel die kleine schmale Landzunge San Vigilio in den See. Dem äußersten Punkt dieser Halbinsel, der *Punta San Vigilio*, hat nicht etwa ein klischeeanfälliger Schwärmer, sondern der nüchterne Seelenanalytiker Sigmund Freud die Diagnose gestellt, er gehöre »zum Allerschönsten am See, also zum Allerschönsten überhaupt«.

Der gleichen Ansicht müssen auch Prince Charles und Juan Carlos von Spanien gewesen sein, die – als sie noch junge Prinzlein waren, die Zeit für derartige Kurzweil hatten – den Aufenthalt in der *Locanda San Vigilio*, dem kleinen teuren Hotel auf der Spitze der Landzunge, oder auf dem benachbarten Schloß der Grafen von San Vigilio ebenso genossen wie Winston Churchill oder das Traumpaar des britischen Kinos, Vivien Leigh und Laurence Olivier.

Doch eben, das ist alles schon eine Weile her. Zwar ist die *Punta San Vigilio* inzwischen keineswegs im See versunken; auch das kleine Hotel steht noch am alten Platz – und es verlangt, gemessen selbst am oberen Gardasee-Level, immer noch gesalzene Übernachtungspreise. Doch wer die heute bezahlt, muß anderes im Sinn haben als die *splendid isolation* vor idyllischer Traumkulisse, die es den prominenten Touristen von damals angetan hat. Erhabene oder auch nur friedliche Einsamkeit ist nämlich ziemlich genau das Gegenteil von dem, was San Vigilio seinen heutigen Besuchern zu bieten hat. Die über die gesamten 400 Längenmeter der Landzunge führende Auffahrtsallee zum Schloß ist zwar für den öffentlichen Autoverkehr gesperrt, nicht aber für den Besucherverkehr an sich, und der schwillt nicht nur an Sommerwochenenden schon mal auf einige tausend Schaulustige pro Tag an. Vor den Parkplätzen an der Basis der kleinen Halbinsel stauen sich deshalb in schöner Regelmäßigkeit die Fahrzeuge auf der Straße von Garda zur *Punta San Vigilio*, die fatalerweise zugleich Teil der Verbindungsstraße von der Autobahnausfahrt Affi zum nördlichen Seeteil und zur einzigen existierenden Autofähre (von Torri del Benaco nach Maderno) ist.

Wer es, oft nach langer Wartezeit, geschafft hat, sein Auto abzustellen, und sich auf den Weg zur *Punta San Vigilio* macht, bekommt zwar die Hauptattraktionen der Halbinsel – das Schloß, das Hotel und die Kirche San Vigilio – nicht von innen zu sehen. Was er aber sieht, ist die Landschaft: der von riesigen Zypressen bestandene Schloßpark (der dereinst älteste dieser Bäume fiel im Sommer 1995 nach 300jährigem Leben um und liegt seither im südlichen Teil der Halbinsel als sein eigenes Denkmal aufgebahrt), das Wasser des immer wieder durch die Hecken schimmernden Sees, die grünen Hügel, die sich im Rücken von San Vigilio, und die fernen blauen und grauen Berge, die sich gegenüber am anderen Ufer erheben, dazu die Farben des Himmels und das stets wechselnde, gegen Abend hin oft wie unwirklich leuchtende Licht...

Wer es schafft, aus diesen Bildern die Heerscharen der anderen Besucher wenigstens für einen Moment auszublenden, in dem mag sich immerhin eine Ahnung von dem regen, was dieses winzige Stück Land im Gardasee einmal zu einem der begehrtesten Urlaubsziele Europas gemacht hat. Die meisten San-Vigilio-Touristen haben mit solchen Einfühlungsoperationen freilich wenig am Hut; ihnen scheint die bloße Behauptung von Exklusivität zu genügen. Und eben auf diese Behauptung stützt das

Management der nach wie vor im gräflichen Besitz befindlichen Firma »San Vigilio« sein bemerkenswert cleveres Konzept, in dem die Gäste des Hotels die Rolle von Luxusmenschen spielen, an die die schaulustigen Besuchermassen hier sehr viel näher herankommen als daheim in ihrem Alltag: Das öffentliche Café von San Vigilio hat seine Tische auf der Mole des winzigen Jachthafens aufgestellt, sozusagen direkt unter den Zimmerfenstern der *Locanda San Vigilio*, was den Cafégästen Gelegenheit gibt, nicht nur das Kommen und Gehen der Hotelgäste, sondern auch die An- und Abfahrt von deren Jachten – Jachtnixen inklusive – hautnah zu beobachten. Und was, zumindest aus Sicht der Inselverwertungsfirma, das Schönste dabei ist: Es finden sich immer genug Hotelgäste, denen dieses permanente Angestarrtwerden nicht nur keineswegs lästig ist, sondern die gar genau dafür teuer bezahlen.

So wie mit der *Punta San Vigilio* ist das mit vielen, wenn auch (wie sich in den folgenden Kapiteln unserer Gebrauchsanweisung herausstellen wird) durchaus nicht mit allen Attraktionen des Gardasees und seiner Umgebung: Man sollte sich davor hüten, ihnen allzu nahe zu kommen. Wobei die Sache gottlob auch umgekehrt funktioniert. So dauert etwa die Fahrt vom Parkplatz an der Landzunge hinauf zur Einsiedelei auf dem Monte San Giorgio gerade einmal zwanzig Minuten. Doch was man auf diesem Weg hinter sich läßt, sind mindestens 50 Jahre touristischer Entwicklung und Überentwicklung. Selbst Rummelplätze wie Garda und San Vigilio wirken von hier oben aus betrachtet so, als sei diese Zeit an ihnen spurlos vorübergegangen.

Und wieder einmal stellt sich uns an dieser Stelle, im

wörtlichen wie im übertragenen Sinn, die Frage, die uns immer dann durch den Kopf geht, sobald wir uns am Gardasee ein wenig abseits der touristischen Trampelpfade umschauen: Wieso sind wir hier eigentlich allein oder fast allein? Daß die Menschen es im Urlaub gern bequem haben, versteht man ja durchaus. Aber: Von Strapazen ist gar nicht die Rede. Nicht nur bei Garda trennen oft nur wenige Auto- oder Gehminuten die Allerweltsziele von jenen besonderen Plätzen, die sich in der Region um den Gardasee auch heute noch nahezu mühelos entdecken lassen. Oft reicht es schon, aufs Geratewohl der einen oder anderen Seitenstraße zu folgen, wie eben der, die von der Straße zwischen den beiden vor allem bei deutschen Pauschalreisenden (und Reiseanbietern) so übermäßig beliebten Seeorten Garda und Bardolino hinauf auf den Monte San Giorgio führt.

Zugegeben, es gibt mittlerweile bereits einige (wenige) Veranstalter, die die Einsiedelei hier oben in ihre Sightseeing-Touren eingebaut haben. Schließlich bietet schon die überraschend imposante Konstruktion des hohen, von zwei steinernen Treppenrampen flankierten Eingangstors der Klosteranlage ein spektakuläres Photomotiv. Die meisten Besucherkollektive begnügen sich aber damit – und womöglich noch mit einem Besuch im kleinen Klosterladen, in dem ein bemerkenswert breites Sortiment von Pflanzenlikören (unser Favorit: der *Amaro Rabarbaro*, ein bitterer Rhabarberlikör), biologisch produzierten Weinen und Olivenölen sowie Naturkosmetika angeboten werden. Praktischerweise ist dieser Laden im kleinen Pförtnerhäuschen untergebracht, so daß die Besucher sich den kurzen Weiterweg hinauf zur Kirche und zu den Klostergärten sparen können – und das tun sie dann in der Regel auch.

Die Frage, wieso sich Touristen derart lethargisch verhalten, können und mögen wir hier gar nicht beantworten. Wozu auch? Wir begnügen uns mit der Feststellung, daß die Touristen es nun einmal tun, und sind darüber keineswegs besonders traurig. Schließlich bleiben wir auf diese Weise hübsch ungestört. Und verstehen nun auch das leise Lächeln, mit dem Fra Lorenzo den Kopf schüttelte, als wir ihn fragten, ob die Öffnung der Abtei für Tagesbesucher nicht mit dem Ruhebedürfnis der länger bleibenden Gäste in Konflikt gerate – und ob beides miteinander nicht im Widerspruch zum strengen Abgeschiedenheitspostulat der Mönche stehe. »Womöglich könnten die Besucher uns stören«, hat Fra Lorenzo gesagt, »aber bisher haben sie es gar nicht versucht.«

Auf dem Rückweg hinunter an den See fällt uns noch ein anderer Satz Fra Lorenzos ein; es ist der, mit dem die vom heiligen Romuald um das Jahr 1000 nach Christus formulierte »Kleine Regel« der Kamaldulenser beginnt: »Nimm Platz in deiner Zelle, als wenn du im Paradies wärest.«

5. Süßes Meer
oder Wie die Sardine in den See kam

Sobald mitteleuropäische Seen eine gewisse Größe erreicht haben, werden sie vom Volksmund gern als »Meer« tituliert: Der Bodensee als »schwäbisches«, der Chiemsee als »bayrisches« – vom sogar hochamtlich so heißenden Süßwassersee »Steinhuder Meer« ganz zu schweigen. Merkwürdigerweise aber hat noch nie jemand den Gardasee als »Meer« bezeichnet. Dabei hätte er das zumindest mehr als die genannten Seen verdient, und das nicht nur wegen seiner Größe – seine Wasseroberfläche nimmt beachtliche 370 Quadratkilometer ein. Noch mehr zur Meerähnlichkeit tragen die anderen Abmessungen des Gardasees bei: Er erstreckt sich über fast 52 Kilometer von Norden nach Süden in die Länge; was ihm dabei im zuweilen kaum drei Kilometer schmalen Nordteil an Breite fehlt, gewinnt er im Süden, wo sich die Distanz zwischen Ost- und Westufer bis auf 17,2 Kilometer erweitert. Das ist weiter als man an diesigen Tagen sehen kann: Kein

Wunder, daß man sich optisch tatsächlich am Meeresufer glaubt, wenn man von den Strandpromenaden Bardolinos oder Lazises in Richtung Sonnenuntergang (oder umgekehrt von Porto Dusano oder Moniga del Garda nach Osten) schaut.

Kein Wunder aber auch, daß sich die genannten Orte in ihrer Struktur kaum von vielen Ferienzielen an der Adria oder an der Riviera unterscheiden: Die ufernahen Gebiete sind praktisch flächendeckend mit Hotels, Restaurants, Bars, Eisdielen, Bootsanlegern und natürlich, außerhalb der Ortszentren, mit Campingplätzen besetzt; dahinter, in oft historischen Altstädten, finden sich entlang kleiner, mehr oder weniger malerischer Gassen weitere Hotels und Lokale mit typischer Mittelmeerurlauberküche (Pizza, Würstel *con crauti*, Spaghetti, Schweinebraten), und dazwischen Dutzende und Aberdutzende von Läden, die mal Überflüssiges und Kitschiges, mal Schönes und Nützliches anbieten, sich aber in der Preisgestaltung stets an den lokker sitzenden Geldbeuteln der Touristen orientieren. Optisch vorherrschend sind dabei, am Mittelmeer wie hier an den südlichen Ufern des Gardasees, die Fachgeschäfte für den Camping- und Wassersportbedarf mit ihrem vorwiegend knallbunten Sortiment: Luftmatratzen, Badetücher, Liegematten, Schwimmwesten, Schwimmtiere, Schwimmreifen, Badeinseln mit aufblasbaren Palmen oder Pinguinen und natürlich Gummiboote in jeder Form und Größe.

Bei dieser Gelegenheit kommen wir allerdings nicht um eine betrübliche Feststellung herum: All diese maritimen Vergnügungsartikel nicht nur zu kaufen, sondern sie auch exzessiv einzusetzen, ist am Gardasee meist längst nicht so einfach und vergnüglich wie am Mittelmeer. Die dafür nötigen großzügigen Uferflächen sind hier weitgehend Mangelware. Vor allem am nördlichen Teil des Westufers zwischen Riva und Salò drängen sich die steil abfallenden Wände der Brescianer Alpen derart dicht an den See heran, daß kaum je Platz bleibt für Badestrände, die diesen Namen tatsächlich verdienen; es grenzt schon an ein Wunder, daß am gesamten Westufer eine Straße entlangführt, die 1931 fertiggestellte *Gardesana occidentale*.

Wer auf ihr unterwegs ist, versteht auch heute noch ohne weiteres, wieso die *Gardesana* mit ihren 75 in den Fels gehauenen und gesprengten, oft kilometerlangen Tunnels und Galerien damals weltweit als Meisterwerk der Straßenbaukunst bestaunt wurde. Mit ihr (und mit ihrer Schwesterstraße am Ostufer, der schon zwei Jahre früher eröffneten *Gardesana orientale*) wurde der Aufschwung des Gardasees erst möglich. Bis 1872 endeten die befahrbaren Wege für Reisende, die aus dem Süden kamen, in Salò, dahinter gab es immerhin eine Verbindung bis Gargnano – aber danach war Schluß. Und von Norden her, von Riva, führte am Westufer überhaupt kein Weg weiter.

Hundertprozentig zuverlässig ist die durchgehende Verbindung aber auch bis heute nicht. Die Berge schlagen sozusagen zurück; noch in den Jahren 2001 und 2002 war die Strecke zwischen Riva und Limone monatelang aufgrund heftiger Bergstürze gesperrt. Im italienischen Eiltempo (von wegen langsame Südvölker!) und mit italienischer Perfektion sind die Gefahrenstellen mittlerweile mit massiven Galeriedächern überbaut worden. Die Experten sagen, von nun an könne auf der *Gardesana occidentale* nach menschlichem Ermessen nichts mehr passieren. Allerdings hatten sie genau das vor jenen Bergstürzen auch schon behauptet...

Wo Straßen und Berge überhaupt noch Raum ließen, haben sich meist Campingplätze etabliert oder Hotels angesiedelt. Letztere übrigens auch da, wo eigentlich kein Raum mehr war: Man fährt heute auf der Uferstraße zwischen Riva und Gargnano an einem runden Dutzend abenteuerlich auf die schmale Uferkante oder gar in den See gebauter Hotels vorbei. Wer verwegen genug ist, in ihnen Quartier zu nehmen, kommt in den Genuß einer hochspektakulären Lage – und wird garantiert keine Minute Ruhe haben: Die *Gardesana* wird bis in den späten Abend heftig befahren, und danach, zwischen Mitternacht und sechs Uhr früh, reicht auch ein Auto (oder, noch wirkungsvoller, ein Motorrad) pro Minute völlig aus, um den Gedanken an erholsamen Schlaf zur Illusion werden zu lassen.

Wir weisen auf all das nur hin, um klarzumachen, welchen Preis die Reisenden bezahlen, falls sie jener Verlokkung erliegen, mit der diese Hotels allesamt werben: mit der Aussicht auf eigene Badeplätze. Faktisch sind es vorwiegend Surfer, die sich hier einquartieren. Auf Ruhe am Strand sind sie ja nicht angewiesen. Und was die Nächte betrifft: Wo es sich wahrlich lohnt, sind Surfer eben bereit, Opfer für ihren Sport zu bringen. Die öffentlichen Strände aber, die mehr als zwei Dutzend Handtücher breit sind, lassen sich entlang der gesamten Strecke zwischen Riva und Salò an den Fingern einer Hand aufzählen. Da gibt es den für Gardaseeverhältnisse breiten Kiesstrand von Limone, die ebenfalls breite, aber besonders exzessiv von Surfern genutzte Uferzone von Campione, einen kleinen Geröllstrand in Gargnano, den 100 Meter breiten, aus grobkörnigem Sand gebildeten *Lido Azzurro* vor der Uferstraße von Maderno und den relativ geräumigen Hauptstrand von Toscolano.

Der zuletzt genannte Strand von Toscolano ist nicht zufällig der südlichste in unserer Aufzählung: Hier treten die Berge allmählich zurück, von hier aus richtet sich der Blick bereits auf den breiten unteren Seeteil, mit anderen Worten: Hier beginnt das Meer-Gefühl am Gardasee. Und doch kann von riviera- oder gar adriaähnlichen Stränden auch im Süden so gut wie nicht die Rede sein. Die wenigen dafür in Frage kommenden Uferzonen sind auch hier meist von Hotels oder, sehr viel extensiver als im Norden, von Campingplätzen besetzt. Auf die Campingurlauber ist die Tourismuswirtschaft am Gardasee dringend angewiesen – aber auf die vielen badelustigen Gäste der unzähligen, nicht über einen kleinen Privatstrand verfügenden Hotels oder Pensionen eben auch. Und so haben es fast alle Gemeinden so gemacht wie die kleine Doppelstadt Toscolano-Maderno: Sie haben sich für den Kompromiß entschieden und verknüpften die Lizenz zum Betreiben von Campingplätzen mit der Auflage, den jeweiligen Campingstrand auch der Öffentlichkeit zugänglich zu machen.

Die Folge: Gerade an den vergleichsweise breiten Stränden der südlichen Seeorte (manche von ihnen können sogar mit echtem – wenn auch künstlich aufgeschüttetem – Sand aufwarten) herrscht die ganze Sommersaison über heftiges Gedränge. Aber zumindest das erinnert viele Urlauber nun doch wieder an die Adria...

Nahezu perfekt wird die maritime Illusion, wenn man beim Abendessen auch noch das Glück hat, echte Gardasee-Sardinen auf der Speisekarte vorzufinden, frisch gegrillt oder, eine ganz besondere regionale Spezialität, *al saor*, das heißt zunächst angebraten und dann einen Tag lang in einer Marinade aus viel Olivenöl, ein paar Tropfen Balsamicoessig und Zwiebeln eingelegt. Aber Moment mal – Sardinen? Sind Sardinen denn nicht Salzwasserfische, die ausschließlich im Meer leben? Im Prinzip ja. Aber die Gardasee-Sardine macht da eine Ausnahme, und zwar weltweit die einzige.

Diese Tatsache wird auch dadurch nicht weniger erstaunlich, daß es sich bei diesem Fisch genaugenommen um eine *Alosa fallax* handelt, zu deutsch um eine falsche oder Pseudo-Alse. Denn erstens ist diese Alse mit den Sardinen eng verwandt, und zweitens lebt auch sie normalerweise nur im Salzwasser. Wie also kommt unsere *sardella*, die, um die Verwirrung komplett zu machen, in ausgewachsenem Zustand hier manchmal auch *agona* genannt wird – wie kommt dieser Fisch in den Gardasee?

Die *sardella* wurde hier nicht etwa ausgesetzt, was im übrigen ein für Mensch wie Fisch gleich frustrierendes Unterfangen wäre: einen Salzwasserfisch in einen Süßwassersee umzusiedeln. Sie hat sich auch nicht aus der Adria via Po und Mincio in den Gardasee gekämpft. Manche Sardinenarten schwimmen zwar tatsächlich in Flüsse, um dort zu laichen, aber anschließend schwimmen sie schleunigst zurück ins Meer, und ihre frischgeschlüpfte Brut tut es ihnen nach, eben weil sie im Süßwasser gar nicht überleben könnte. Das kann einzig und allein die Gardasee-Sardine, und sie kann es deswegen, weil sie niemals in den See kam, sondern bereits hier gelebt hat, als der See tatsächlich noch ein Teil des Meeres war.

Wir kommen, um das Geheimnis unserer Sardine endgültig aufzuklären, an dieser Stelle nicht um ein bißchen Geologie herum. Die Meeresvergangenheit des Gardasees verlief nämlich recht wechselhaft. Bis vor 70 Millionen Jahren war der größte Teil des heutigen Italien einschließlich des Gardaseegebiets von dem tropischen Urmeer

Tethys bedeckt, aus dem sich später das (wesentlich kleinere) Mittelmeer entwickelte. Dann, im beginnenden Tertiär, schob sich die afrikanische Kontinentalplatte derart druckvoll auf die eurasische Platte, daß sich auf dieser die Erde in die Höhe faltete; so begann die Entstehung von Gebirgen wie zum Beispiel der Alpen, in deren Folge sich das Tethys zurückzog. Allerdings nicht völlig: In den Tälern, die durch die Auffaltung der Berge entstanden, blieben zunächst teilweise sehr tiefe Meeresarme erhalten, die nur sehr allmählich zu schrumpfen begannen. Zudem kam es, als sich später Teile des südlichen Voralpenlandes tief absenkten, gegen Ende des Tertiärs, vor zwei Millionen Jahren, noch einmal zu einer Überflutung des heutigen Gardaseegebiets.

Unser Fischrätsel ist damit allerdings noch nicht gelöst: Die Gardasee-Sardine müßte schon ein sehr erstaunliches Tier sein, wenn sie überlebt hätte, was dann passierte: 200 000 Jahre lang schoben sich während der letzten Eiszeit riesige Gletschermassen aus den Alpentälern und füllten das gesamte Gardaseebecken. Erst vor vergleichsweise kurzer Zeit, nämlich vor circa 15 000 Jahren, zogen sich die Gletscher wieder Richtung Hauptalpenkamm zurück. Die Endmoränen, die sie hinterließen – es handelt sich um jenen Hügelkranz, der sich wie die Ränge eines Amphitheaters hinter dem breiten Südufer des Gardasees erhebt – bildeten eine natürliche Barriere, vor der sich die Schmelzwasserzuflüsse zu einem großen Süßwassersee stauten.

So weit, so gut; aber wo bleibt denn nun unsere Sardine? Die schwimmt, wir schreiben ungefähr das Jahr 10 000 vor Christus, immer noch fröhlich im Mittelmeer herum – und hat sich dabei doch schon ganz dicht bis an den Gardasee herangetastet. Der nämlich lag zu dieser Zeit nicht, wie heute, gute hundert, sondern gerade mal ein paar Kilometer vom Meer entfernt, das damals noch die gesamte heutige Poebene bedeckte, wobei, und das ist die fürs weitere Schicksal der Gardasee-Sardine entscheidende Tatsache, der Meeresspiegel höher lag als die damalige Oberfläche des Gardasees. In den stürzten damals infolge von Erdrutschen riesige Gesteinsmassen. Die natürliche Staumauer der südlichen Endmoränen aber hielt dem dadurch bewirkten Druck nicht stand und brach ein, mit der merkwürdigen Folge, daß nun nicht etwa die Fluten des Gardasees ins unmittelbar angrenzende Meer strömten, sondern umgekehrt: Zunächst einmal strömte das Meerwasser und mit ihm eine Schar von Fischen der Art *Alosa fallax*, durch das heutige Tal des Mincio in den See ein, der dadurch noch einmal – und vorläufig zum letzten Mal in seiner Geschichte – zu einer Art alpinem Meeresarm wurde. Also, mit anderen Worten, genau zu dem Stück Meer, als das wir den Gardasee an seinem südlichen Ende noch heute oft empfinden.

In Wahrheit hielt dieser Zustand allerdings nur eine (in erdgeschichtlichen Dimensionen gemessen) winzige Zeit an, so lange nämlich, bis sich einerseits das Mittelmeer soweit zurückgezogen und andererseits sich der Verbindungskanal zwischen Meer und See so tief in sein Bett gegraben hatte, daß der Wassertransport wieder in der ordnungsgemäßen Richtung verlief. Aus dem Gardasee über den Mincio (und ab irgendwann auch über den Po) ins Meer. Die versprengten Sardinen allerdings hatten diese Zeit und die anschließende allmähliche Wieder-Entsalzung des Sees genutzt, um sich an die Süßwasserumgebung anzupassen.

Eine alte Gewohnheit ihrer maritimen Vorfahren freilich haben die Gardasee-Sardinen bis heute beibehalten: Sie wandern während des Jahresverlaufs in geschlossenen Schwärmen von einer Stelle des Sees zur anderen – ein Bewegungsverhalten, das ihren schon immer im Süßwasser lebenden Artgenossen niemals in den Sinn käme. Die kulinarische Konsequenz daraus: Frisch gefangene See-Sardinen werden entlang der verschiedenen Uferzonen des Sees zu unterschiedlichen Jahreszeiten angeboten. Wundern Sie sich also nicht, wenn diese köstlichen Fische einmal nicht auf der Speisekarte stehen; das ist eher ein Indiz dafür, daß sich Wirt und Koch erfreulich streng an das regionale Saisonangebot halten.

Doch wir sind gewaltig vom Thema abgekommen – von der lieben Not, die man damit haben kann, am Gardasee halbwegs schöne Badestellen zu finden. Um dieses Problem zu lösen, müssen wir es wohl oder übel den See-Sardinen nachmachen und uns an verschiedenen Uferzonen umtun. Mehr darüber im nächsten Kapitel.

6. Unter dem Pflaster liegt der Strand oder Ein Badekapitel für Entdeckungslustige

Schon der allererste Augenschein erweist den durchschnittlichen Gardasee-Urlauber, was dessen näheren Kontakt zum See betrifft, als erstaunlich genügsames Wesen. Will er schwimmen oder auch nur ein Sonnenbad am Ufer genießen, stellt er sein Auto schlicht am Rand einer der beiden Uferstraßen ab, lädt seine Badeutensilien und seine Familie aus und plaziert alles zusammen auf den meist ziemlich schmalen Streifen zwischen Leitplanke und Wasser. Tausende, ja an den Wochenenden (wenn die Tagesbesucher aus Verona, Brescia und anderen umliegenden Städten dazukommen) Zehntausende machen das so. Sie finden den See offensichtlich derart schön, daß ihnen der Autolärm und der dicht über ihren Köpfen unablässig wabernde Smog nicht das Geringste ausmachen – zumal sie die Verkehrsgeräusche gern mit Hilfe mitgebrachter Ghettoblaster und die Abgase durch selbstproduzierte Grilldünste bekämpfen.

Bei aller Bewunderung für soviel Seebegeisterung lassen wir diese munteren Straßenstrände doch lieber links oder rechts liegen und kommen statt dessen zum Positiven, also zur Gebrauchsanweisung im engeren Sinne. Die wirklich gute Nachricht heißt nämlich: Man kann trotz Massenbetrieb auf der einen und Strändemangel auf der anderen Seite auch am Gardasee herrliche und, was das Beste ist, nahezu ungestörte Badefreuden genießen. Natürlich plaudern wir nicht aus, wo das geht; das wäre ziemlich kontraproduktiv. Aber wir verraten gern, *wie* sich solche Badeplätze ausfindig machen lassen. Man geht dabei zunächst einmal genauso vor wie die zahllosen Liebhaber der eben beschriebenen »Leitplankenstrände«: Man parkt sein Auto entschlossen am Rand einer der beiden Uferstraßen. Allerdings nicht da, wo es alle tun, also dort, wo die Straße unmittelbar am Seeufer verläuft, sondern da, wo das felsig werdende Gelände eben dies verhindert und die Straße deshalb, meist leicht ansteigend, ein Stück vom Ufer fortführt.

Sobald dieser Umstand gegeben ist, nimmt die bereits zuvor tolle Aussicht auf den See in der Regel vollends spektakuläre Züge an. Sie zu genießen, sollte man als Chauffeur indessen lieber seinen Mitfahrern überlassen; denn die Uferstraße wird da, wo sie direkt durch Felsgelände führt, grundsätzlich noch schmaler und unübersichtlicher als sie es ohnehin schon ist. Das bedeutet aber auch: Der Rat, das Auto irgendwo am Straßenrand abzustellen, läßt sich nur selten aufs Geratewohl in die Tat umsetzen. Die Warnung, bitte keine mit Notrufsäulen ausgestattete Halteplätze zu mißbrauchen, können wir uns in diesem Zusammenhang sparen – solche Notfallzonen gibt es entlang der beiden *Gardesane* so gut wie nicht. Immerhin findet man ab und an kleine Parkplätze; und auch darüber hinaus macht, wer geduldig sucht, Stellen ausfindig, an denen sich ein oder gar mehrere Autos nicht gerade illegal, aber sozusagen inoffiziell parken lassen.

Haben Sie, möglichst weit entfernt von der letzten wie von der folgenden Ortschaft, eine solche Stelle gefunden, dann verlassen Sie Ihren Wagen und treten beherzt an den dem See zugewandten Straßenrand. Je tiefer der See nun unter Ihnen liegt, desto besser! Das einzige, was Sie nun noch auftun müssen, ist der Beginn des Trampelpfades, der von der Stelle, an der Sie stehen, bergab führt, Richtung Seeufer. Es gibt keinen Trampelpfad? Nur steile, steinige, mit Oleanderbüschen, Lorbeer oder anderem Gesträuch bewachsene Böschungen? Dann schauen Sie noch einmal ganz genau hin! Von 80 bis 90 Prozent der deutlich über Seeniveau führenden Stellen der Uferstraßen, an denen sich ein Auto abstellen läßt, führt mindestens ein Trampelpfad zum See hinab.

Sollte das aber ausnahmsweise tatsächlich nicht der Fall sein, dann, bitte, fahren Sie weiter. Und versuchen Sie auf keinen Fall, Ihrerseits einen neuen Trampelpfad zu eröffnen! Denn der Gardasee ist zwar groß – aber so groß ist er nun auch wieder nicht, als daß nicht an jeder nur halbwegs verheißungsvollen Stelle sich irgendwann einmal ein Unternehmungslustiger gefunden hätte, der in der Hoffnung auf einen unentdeckten Badeplatz einen Pfad durch die mehr oder weniger wild bewachsenen Uferhänge zu bahnen versucht hätte. Wo diese Hartnäckigkeit nicht belohnt wurde, hat es vielleicht später noch einmal ein Zweiter versucht, und Jahre später womöglich noch ein Dritter – bis der Pfad schließlich endgültig wieder zugewachsen ist. Das Gute daran ist der Umkehrschluß: Überall dort, wo diese Pfade noch gut erkennbar sind, sollten Sie ihnen getrost folgen.

Wo wir selbst das getan haben, haben wir manchmal geradezu sensationelle kleine Badeplätze entdeckt, mit weichen Liegewiesen, bestanden von schattenspendenden Bäumen und Büschen und hochkomfortablen Wasserzugängen. Gewiß, manchen dieser kleinen Badestellen fehlte die eine oder andere dieser Eigenschaften; und wir stießen auch auf welche, die nur zum Baden oder nur zum Sonnen taugten. Aber immer haben wir uns an diesen oft winzigen Plätzen wohler gefühlt als an den überfüllten offiziellen Gardasee-Stränden.

Apropos winzig: Natürlich sind auch solche »Geheimbuchten« oft schon belegt; man muß da eben flexibel bleiben. Faustregel: Jede dieser kleinen Badestellen bietet soviel Menschen Platz wie die oberhalb von ihnen abgestellten Autos. Und das heißt umgekehrt: Wer oben an der Straße einen Parkplatz findet, darf auch auf einen freien Badeplatz unten am Seeufer hoffen. Es sei denn, allzu viele Radfahrer machen einem einen Strich durch diese Rechnung…

Im übrigen verspricht die Suche nach solch kleinen Badestellen an der Westküste, zwischen Riva und Limone zum Beispiel oder zwischen Campione und Gargnano, sehr viel mehr Erfolg als entlang der *Gardesana occidentale*, einfach deswegen, weil die Ostküste weniger steil zum See hin abfällt. Trotzdem hält auch sie für Entdeckungslustige eine Reihe hübscher Bademöglichkeiten bereit – wenn auch nicht am Seeufer selbst. Worum es geht, läßt sich am besten aus der Distanz, also wieder von der Westküste aus, erkennen: Da sieht man, daß die gewaltigen Abhänge des Monte Baldo, die die gesamte nordöstliche Seeseite beherrschen, immer wieder von schmalen Schluchten zerteilt werden. Durch die allermeisten dieser Schluchten fließen Bergbäche. Gewiß, einige von denen verkümmern in heißen, trockenen Sommern zu spärlichen Rinnsalen, die man unter dem Schluchtgeröll mehr plätschern hört als sieht. Aber wirklich trockene Sommer sind hier eher die Ausnahme, weswegen die Bäche des Monte Baldo in der Regel so lebhaft und machtvoll in Richtung See rauschen, ja manchmal sogar in Richtung See stürzen, wie man das von einem anständigen Bergbach erwartet.

Geübte Bergwanderer ahnen, worauf wir hinauswollen: So ein anständiger Bergbach bildet gern Gumpen, wannen- bis swimmingpoolgroße Badebecken also, die besonders leicht da entstehen, wo das Wasser über gestuftes Felsgelände strömt. Da trifft es sich gut, was wir von den Geologen erfahren: Über dem grauen Kalkfels, das die bis zu 450 Meter aufragende Basis des Monte-Baldo-Massivs bildet, folgt eine gelbliche Kalksteinschicht, von den Uferbewohnern *Oolitico di San Vigilio* genannt, nach eben jener Landzunge, auf die wir von der Einsiedelei auf dem Monte San Giorgio heruntergeblickt haben. Dieser nahezu ausschließlich aus Kalziumkarbonat gebildete Stein verkarstet besonders leicht, bildet immer wieder Abbruchstufen und ist durchsetzt mit zahllosen Grotten, Dolinen und natürlichen Brunnenschächten.

Was solchen Schächten allerdings regelmäßig fehlt, ist das Wasser – jedenfalls da, wo sie sich in den höhergelegenen Flanken des Monte Baldo auftun: Nirgends versickert Wasser so rasch wie im Karst. Dieser Umstand, der Bergwanderern hier die Mitnahme von ausreichend viel Flüssigkeit dringend nahelegt (mehr davon später), erweist sich aus unserer bescheidenen Badefroschperspektive aber gerade als besonders praktisch. Schließlich muß das Wasser, das oben im Berg versickert, irgendwo wieder abfließen. Und das tut es in Form der Bäche, die hier, eben der karstigen Gesteinsbeschaffenheit wegen, tiefer am Berg entspringen als anderswo – und die deshalb auch in Ufer- und Straßennähe meist noch relativ viel Wasser mit sich führen.

Man muß dabei weder Geologe noch geübter Bergwanderer sein, um an und in den Bergbächen des Monte Baldo sein Badevergnügen zu finden. Überall da nämlich, wo die Straße am Ostufer des Sees ein Bachbett überquert, besteht Gumpenverdacht. Um dem näher auf den Grund zu gehen, sollte man sich allerdings vom Grund fernhalten, vom Schluchtgrund nämlich. Das Herumklettern in Schluchten überläßt man, zumal wenn man das oberhalb liegende Gelände nicht kennt, besser den *Canyoning*-Experten. Auch wenn die gebirgige Umgebung des nördlichen Seeteils die schnelle Verbreitung dieser und verwandter Sportarten wie des *Rafting* heftig begünstigt – als noch so entdeckungsfreudiger Vergnügungsreisender sollte man auch hier nach Trampelpfaden suchen, die einen außerhalb des Bachbetts nach oben leiten. Und nur keine Angst davor, etwas zu versäumen: Wo immer sich lohnende, von der Autostraße aus ohne Gefahr und allzu große Mühe erreichbare Badegumpen finden, führt auch mindestens ein Trampelpfad hin – es verhält sich da genauso wie mit den versteckten kleinen Badestellen auf der anderen Seeseite.

Zugegeben, vom Meer-Gefühl, das einen am flachen Südteil des Gardasees immer wieder anfällt, spürt man bei der Erkundung der alpinen Naturbadegelegenheiten nichts mehr. Man kann halt nicht alles haben – was aber am Gardasce gottlob nur bedeutet: Man kann nicht alles auf einmal haben. Und selbst dieses »nicht auf einmal« reduziert sich hier auf »nicht in ein und derselben Minute«. Die vielen verschiedenen, ja gegensätzlichen Landschaftsräume dieser Region liegen derart nahe beieinander, daß man sich ohne weiteres an einem Bergbach irgendwo oberhalb des Ostufers die Plagen der Mittagshitze erträglich machen und dennoch seinen Nachmittagskaffee da einnehmen kann, wo sich der im Norden so enge See wieder zum lichten Meer zu weiten scheint.

Alles nur eine Frage der Planung? Bitte nicht! Natürlich könnte man sich, sobald man einmal weiß, wo sich die einsamsten Privatbuchten, die tiefsten Bachgumpen, die nettesten Bars, die friedlichsten Klöster et cetera befinden, hier leicht ein »20-Attraktionen-in-6-Stunden«-Programm zusammenstellen, nach dem bekanntlich gar nicht so seltenen Motto »Wir sind schließlich nicht zum Vergnügen in den Urlaub gefahren«. Wirklich kennenlernen wird man diese wunderbare Region jedoch erst dann, wenn man sich in ihr treiben läßt.

7. Erstwohnsitz Gardasee oder Europas Kalifornien

Alle fahren hin – aber wer lebt eigentlich am Gardasee? Die Frage, das sei gleich vorausgeschickt, ist nicht leicht und schon gar nicht eindeutig zu beantworten. Liest man einen beliebigen Reiseführer über, sagen wir, Sardinien oder Südtirol, wird man in der Einführung oder im landeskundlichen Kapitel unweigerlich über Herkunft und Charakter der Südtiroler (tüchtiges, lebenslustiges Bergvolk mit keltischen Urahnen) oder der Sarden (leidenschaftliches, aber eher verschlossenes Mischvolk romanischer Abstammung mit sarazenischem Einschlag) aufgeklärt werden. Auch sonst scheint sich, wo immer die Rede von einer bestimmten Region ist, deren Bevölkerung relativ genau beschreiben und von denen anderer Regionen abgrenzen zu lassen – hier die temperamentvollen, an archaischen Bräuchen hängenden Bewohner der neapolitanischen und kampanischen Küste, da die nicht nur auf ihre einst die Welt beherrschenden Vorfahren stolzen

Römer, und dort schließlich die ernsten und fleißigen Piemontesen, deren enge Bindung an die französischen Nachbarn sich sogar in ihrer Mundart niederschlägt.

Sucht man aber entsprechende Auskünfte über die Einheimischen am Gardasee zu erlangen, geben sich die sonst so beredten Landes- und Stammeskundler merkwürdig zugeknöpft, sofern sie nicht vollends in ratloses Stillschweigen verfallen. Allenfalls erfährt man, mit Hinweis auf die Aufteilung des Seegebiets auf drei italienische Provinzen, daß sich die Uferbevölkerung aus Tridentinern, ursprünglichen Bewohnern der Poebene und Lombarden zusammensetze. Doch abgesehen davon, daß dieser Hinweis nur aus einer Tautologie besteht, führt er schon deshalb nicht viel weiter, weil er gewöhnlich von der Bemerkung ergänzt wird, es seien nicht gerade die typischen Tridentiner oder Lombarden oder Po-Anrainer, die man heute am Gardasee antreffe. Aber was dann? Sind die Menschen, die hier leben, vielleicht so etwas wie Exil-Lombarden oder Exil-Tridentiner?

Lachen Sie nicht – so abwegig, wie sie klingt, ist diese Vermutung am Ende gar nicht. Auch auf die Gefahr hin, die Zunft der Stammeskundler damit vor den Kopf zu stoßen: Nach ausgedehnten Forschungen vor Ort glauben wir mittlerweile die These aufstellen zu können, daß sich hier am Gardasee mittlerweile tatsächlich eine ganz spezifische Mischbevölkerung zusammengefunden hat, die schwer anders definierbar ist als durch die allen gemeinsame, kürzer oder länger zurückliegende Herkunft aus anderen Regionen und, natürlich, durch ihre jetzige Nachbarschaft zum See. Wir wollen nicht soweit gehen, die Menschen am Gardasee (für die es noch keinen eigenen Namen gibt) als die Nordamerikaner Mitteleuropas zu bezeichnen. Aber wie wäre es statt mit ganz Nordamerika wenigstens mit Kalifornien als Vergleichsobjekt? Auch dessen Bewohner sind ja schließlich Amerikaner: ein Volk ehemaliger Exilanten, das in seiner jetzigen Umgebung mittlerweile eine neue Eigenständigkeit entfaltete.

Wahr ist, daß die Menschen, die dauernd am Gardasee wohnen, in der Regel nicht aus so weiter Ferne hierherkamen wie die ersten weißen Besiedler Kaliforniens. Doch es gibt von dieser Regel mehr Ausnahmen als man auf den ersten Blick vermuten würde. Im unscheinbaren ehemaligen Fabrikdorf Campione del Garda zum Beispiel haben wir einigermaßen verblüfft festgestellt, daß man kubanische Exilanten nicht nur in Kalifornien, sondern tatsächlich auch am Ufer des Gardasees antreffen kann: Die an Campiones kleinem Dorfplatz (und zugleich Dorf-Parkplatz) gelegene Bar *La Habana* heißt nicht nur deshalb so, weil deren junger Inhaber Loris mehr vom Kommunismus hält als von der rechten bis rechtsextremen Parteienallianz des Silvio Berlusconi oder weil er von der Karibik schwärmt. Loris *war* in der Karibik, er war auch in Kubas Hauptstadt Havanna. Dort hat er die Frau seines Lebens kennengelernt, sie kurzerhand gleich mit heim nach Campione genommen und seine Bar ihr zu Ehren *La Habana* genannt.

Und während Loris nun seine famosen, mit Schinken oder Käse aus den Bergen oberhalb von Campione und mit selbstgezogenen Tomaten belegten Crostini oder Panini zubereitet, macht seine kleine kubanisch-italienische Tochter zwischen den parkenden Autos ihre ersten Gehversuche. Streng überwacht wird alles (Vater, Mutter, Kind, Paninizubereitung, Bar – und zuweilen auch deren Gäste) von Loris' Mutter. Auch die stammt, wie fast alle

Bewohner Campiones, nicht von hier. Sie gehörte zu den vielen, die teilweise mit ihren Familien aus der Poebene, aber auch aus Süditalien hierherkamen, als die mit Wasserturbinen betriebene Baumwoll-Spinnereifabrik von Campione zeitweise mehr als 700 Menschen ein wenig Brot und viel Arbeit versprach.

Die Baumwollspinnerei ist längst stillgelegt, die Fabrikanlagen wie die für die Arbeiter gebauten Wohnkasernen verrotten still vor sich hin – was Campione del Garda, einst tatsächlich das kommerzielle Zentrum der Gardaseeregion, heute nach Ansicht vieler zum mit Abstand unattraktivsten Ort am ganzen See macht. Lediglich hartgesottene Surfer scheren sich nicht darum: Ihnen kommt es ja, wie sich am Gardasee immer wieder zeigt, aufs Wasser und den Wind an, und nicht darauf, was am Ufer los ist – beziehungsweise (wie hier in Campione) nicht los ist. Darauf, daß sie mit ihren Wohnmobilen, die sie hier zu Dutzenden und an Sommerwochenenden zu Hunderten abstellen, auch ihrerseits kaum etwas zur Verschönerung von Campione beitragen – darauf kommt es in ihren Augen auch nicht mehr an. Immerhin gibt ihre Anwesenheit den wenigen Menschen, die immer noch in Campione wohnen, die Gelegenheit, ein wenig Geld zu verdienen, mit einem Supermarkt, einem auf anspruchslose Gaumen spezialisierten Pizzarestaurant, und eben Loris und seiner italokubanischen Großfamilie.

Ohnehin ist es heute natürlich in allererster Linie die Aussicht, am Tourismus mitzuverdienen, die die Menschen dazu bringt, ihren Wohnsitz an den Gardasee zu verlegen. Doch manchmal ist es auch nicht nur diese Aussicht allein. Was beispielsweise die Familie Pasquetti dazu gebracht hat, in die – ein paar Straßenkilometer von

Limone entfernte – *Villa delle Querce* zu ziehen, war auch der überwältigende Ausblick, den man von ihrem neuen Wohnsitz aus hat: Die Villa und der sie umgebende, mit Eichen bestandene Park liegen unmittelbar auf der Kuppe einer 400 Meter hoch vom Seeufer emporragenden Steilwand.

Das Vergnügen, beim Frühstück oder beim Nachmittagskaffee von hier aus hinunter auf den See oder auf den direkt gegenüberliegenden Monte Baldo zu schauen, läßt sich übrigens leicht mit den Pasquettis teilen: Die Familie vermietet ein paar Zimmer im Bed & Breakfast-System. Was dabei herausspringt, ist freilich nur ein kleiner Zusatzverdienst, der allein die Pasquettis gewiß nicht zur Auswanderung aus ihrer früheren Heimat veranlaßt hätte.

Ja, Auswanderung! Dieser Begriff ist dabei ganz und gar nicht übertrieben; denn auch wenn ihr italienischer Name das nicht vermuten läßt, kamen die Pasquettis von sehr weit her. Allenfalls könnte man hier noch von Rückwanderung sprechen: Die Eltern des Familienoberhaupts waren einst, wie viele Italiener, nach Argentinien ausgewandert; in dessen Hauptstadt Buenos Aires wuchs Signor Pasquetti auf, dort studierte er Medizin, arbeitete als Gynäkologe, heiratete eine Argentinierin und bekam mit ihr zwei Töchter. Als die Familie im Jahr 2003 die überraschende Nachricht erhielt, sie seien die einzigen Erben jener Villa über dem Gardasee, beschloß sie lediglich, sich das Erbstück mal aus der Nähe anzugucken... Dem Anblick des Hauses allein, es ist keine sonderlich prunkvolle Villa, hätten die Pasquettis womöglich widerstehen können – nicht aber dem, was sie vom Haus und vom Park aus sahen. So übt der Dottore Pasquetti heute eben seinen Beruf im Krankenhaus von Rovereto aus, die Töchter gehen in Riva zur Schule, Signora Pasquetti kümmert sich um das Haus und die Gäste, und die Gardasee-Bevölkerung ist dabei, wieder vier Exilanten mehr in ihre Reihen zu integrieren.

Eine Wirtsfrau aus Kuba, eine Arztfamilie aus Argentinien – wir sind relativ sicher, das ließe sich noch steigern; wenn wir unbedingt gewollt hätten, hätten wir zur weiteren Verdeutlichung unserer Exilantentheorie irgendwo am See auch noch wirkliche Antipoden aufgetrieben, Surflehrer etwa, die aus Australien oder gar aus Neuseeland zugewandert sind. Doch auf diese exotischen Beispiele kommt es hier weniger an als aufs Prinzip, das wir mit ihnen verdeutlichen wollten. Wir könnten noch Milena aus Slowenien erwähnen, die wir im einsamen Hochtal von Tremosine kennengelernt haben, wo sie Arbeit und Wohnung gefunden hat, oder Dagmar, die Hotelfachfrau aus dem österreichischen Lienz, die sich lieber in Garda niederließ, statt daheim in den gutfunktionierenden elterlichen Hotelbetrieb einzusteigen. Doch natürlich kommen die allermeisten der Zugereisten hier aus wesentlich näheren Regionen, oft sogar aus den direkt an den See angrenzenden Provinzen.

Vielleicht sollte man an dieser Stelle noch einmal ganz ausdrücklich sagen: Südtirol zählt nicht zu diesen drei Provinzen. Gewiß war von 1797 bis zum Ende des Ersten Weltkriegs an das Ostufer des Sees, und vom Wiener Kongreß bis zum Risorgimento, also bis zur Selbstgründung und Selbstbefreiung des italienischen Staates, sogar das Westufer österreichisch. (Auf die entscheidende Schlacht bei Solferino im Jahr 1859 kommen wir später zu sprechen.) Und dazwischen, von 1805 bis 1815, gehörten Riva und das Ostufer – wie Südtirol und der gesamte Trentino –

sogar zum Königreich Bayern. All dies natürlich von Napoleons Gnaden; aber es ist eher lustig zu sehen, welche Verehrung gerade deutsche Nationalkonservative bis heute den »antinapoleonischen« Südtiroler Freiheitskämpfern und deren Protagonisten Andreas Hofer entgegenbringen: Es war schließlich die bayerische Herrschaft, die Andreas Hofer abzuschütteln trachtete.

Auch mit dem österreichischen Einfluß, zumal dem auf die Mentalität der Gardasee-Anrainer, war es auch und gerade während der 120 Jahre der Habsburgerherrschaft über das Ostufer nicht sehr weit her. Freilich sieht man den alten kaisergelben Hotelbauten und vielen herrschaftlichen Villen die einstige Rolle Rivas als See- und Luftkurort für Österreichs bessere Stände – andere konnten sich's eh nicht leisten – noch heute an. Und natürlich waren auch die vielen Trentiner, die dieser erste touristische Aufschwung aus dem nahen Etschtal mit an den See gelockt hatte, nicht so dumm, die Kühe, die sie molken, schlecht zu behandeln. Sie entwickelten, mit anderen Worten, schon damals eine Art Eigenständigkeit als Gardasee-Exilanten, einerseits.

Andererseits aber beteiligten sich in der zweiten Hälfte des 19. Jahrhundert viele der drüben im Etschtal und in den anderen Gebieten des Trentino gebliebenen Verwandten der neuen See-Anrainer an der *irridenta*, dem mit politischen Mitteln, aber auch mit immer neu aufflammenden Aufständen, mit Sabotageakten und mit Brand- und Sprengstoffanschlägen geförderten Aufbegehren gegen die österreichische Herrschaft: Anders als die meisten Südtiroler wollten die Trentiner um keinen Preis österreichisch sein, sondern dem gerade entstehenden italienischen Staat angehören. Am tridentinischen Ostufer des Gardasees blieb es zwar in dieser Zeit relativ ruhig; doch man kann sich gut vorstellen, daß die Bewohner der Uferorte damals zwei Seelen in ihrer Brust fühlten: Zum einen garantierte die österreichische Herrschaft ihnen einen relativ stabilen Wohlstand; zum anderen waren sie den gegen die autoritäre Habsburgerherrschaft gerichteten Befreiungsparolen, mit denen Garibaldi die Einigung Italiens vorantrieb, keineswegs abgeneigt.

Das alles ist nicht so lange her, daß es nicht, wenn auch oft nur untergründig spürbar, bis heute nachwirken würde. Gewiß kann von einer kollektiven Schizophrenie heute schon deswegen nicht die Rede sein, weil sich auch die am Gardasee lebenden Tridentiner, wie die übrigen See-Anrainer, mittlerweile völlig ungebrochen als Italiener fühlen. Eben ihre gefestigte innere Distanz ermöglicht es ihnen nun auch, Österreicher und Deutsche – als Touristen, als Inhaber von Zweitwohnsitzen oder gar als sich ganz hier Ansiedelnde – ebenso gastfreundlich aufzunehmen wie ihre italienischen Landsleute oder wie Kubaner und Argentinier.

Das heißt aber auch: Die Distanz bleibt. Selbst wenn überall am See *auch* Deutsch gesprochen wird: Es wird überwiegend nur als saisonale Arbeitssprache gesprochen, aus deren Gebrauch man – deutlich anders als in weiten Teilen Südtirols – keinesfalls auf eine auch nur behauptete Bereitschaft zur im weitesten Sinne germanischen oder gar antiitalienischen Solidarität schließen sollte. Und wenn bei uns auch noch so salopp vom Gardasee als südlichstem Vorort Münchens oder gar als (nach Mallorca) neunzehntem Bundesland geredet wird, sollte man sich als deutscher Gast strikt hüten, falsche Schlüsse aus solchen Sätzen zu ziehen – sie haben mit der Mentalität der hier lebenden Menschen nicht das geringste zu tun.

Übrigens macht zumindest für ideologisch sensible Zeitgenossen gerade das einen Aufenthalt am Gardasee in manchen Punkten sehr viel angenehmer als einen in Südtirol. Nicht nur die Tridentiner (denen die regionale Autonomie ja gesetzlich garantiert ist), sondern auch die Bewohner der venetischen und der lombardischen Seeufer legen mittlerweile viel Wert auf eine möglichst hohe Unabhängigkeit gegenüber der römischen Zentralregierung; die emphatischen Zeiten des Risorgimento sind auch hier längst und endgültig vorüber.

Doch anders als in Südtirol werden daraus resultierende Auseinandersetzungen nicht in Form eines beständigen Volksgruppenkonflikts zwischen Deutschen und Italienern ausgetragen, der für den deutschsprachigen Gast besonders da unangenehm wird, wo seine ebenfalls deutschsprachigen Gastgeber sich ihm gegenüber als Opfer dieses Konflikts darstellen, obwohl der Fall doch ganz offensichtlich gerade umgekehrt liegt: Es sind in der Hauptsache die deutschsprachigen Südtiroler, die von jenem Konflikt materiell profitieren. Jeder Urlauber kann das mühelos nachprüfen. Auf zehn deutschsprachige Hotelbesitzer kommt allenfalls ein Italienischsprachiger, aber unter hundert italienisch sprechenden kleinen Hotelangestellten finden sich kaum jemals zehn deutschsprachige.

Am Gardasee geht es in dieser Hinsicht sehr viel entspannter zu, eben weil sich hier alle als Italiener fühlen. Und weil andererseits die seit Generationen Einheimischen hier deutlich in der Minderzahl sind, spielt es im Umgang der Seemenschen untereinander auch kaum eine Rolle, ob sie vor mehr oder weniger kurzer Zeit hier zugezogen sind, oder ob ihre Familien schon immer am See oder (der häufiger auftretende Fall) in den Bergen oberhalb des Sees leben.

Für Deutsche oder Österreicher, die sich mit dem Gedanken tragen, hier ihren Zweitwohnsitz aufzuschlagen (mehr zu diesem Thema im übernächsten Kapitel), hat das eine paradoxe Konsequenz: Sie werden sich im Kontakt mit ihren neuen Nachbarn am Gardasee in der Regel leichter tun als im deutlich konservativeren und stammesbewußteren Südtirol – nicht weil die Leute hier »deutschenfreundlicher« wären, sondern weil hier am See überhaupt ein offeneres und weniger kompliziertes Klima herrscht.

Alles gut und schön, wird sich da nun manch einer fragen – aber haben die Leute am Gardasee denn gar keine spezifischen Charaktereigenschaften, durch die sie sich von anderen abgrenzen? Es ist das mehr oder weniger unausgesprochene Touristenbedürfnis nach Folklore, das normalerweise hinter so einer Frage steckt. Einerseits mögen wir es ja sehr, schon unserer Bequemlichkeit zuliebe, wenn wir als Reisende überall verstanden werden – wenn schon nicht sprachlich, dann doch wenigstens mental. Wohin wir auch kommen, wir erwarten, daß sich unsere Gastgeber möglichst in jeder Lebenslage in uns einfühlen. In der Regel geht es dabei um ganz alltägliche Bedürfnisse: Wir möchten gern auf den Matratzen schlafen, die wir von daheim gewohnt sind, wir wollen, daß auch im Urlaub unsere Kredit- oder EC-Karten überall akzeptiert werden, wir legen Wert auf Pünktlichkeit, auf ein »anständiges« Frühstück und überhaupt auf die Pflege unserer Eßgewohnheiten.

Wobei sich, gerade was das Thema »Essen im Urlaub« betrifft, diejenigen, die Wert auf gehobene Menüfolgen mit typisch regionalen Produkten legen, von genügsamen

Pizza- oder Schnitzelfans womöglich weniger unterscheiden als sie glauben: Die einen wie die anderen erwarten ja nichts anderes, als daß sie ihre vertraute Lebensart auch in der Fremde wiederfinden. Und wenn sie dann am Gardasee einem guten Tip ihrer Gastgeber folgen und die – mit Recht! – vielgerühmte *Trattoria Belvedere* in Varignano (einem hochgelegenen Ortsteil von Arco) aufsuchen, dann sind die einen wie die anderen enttäuscht, weil es hier weder ausgeklügelte Menüs noch Schnitzel oder Pizza zu essen gibt, ja nicht einmal eine Speisekarte, sondern nur *carne salata*, also gesalzenes und getrocknetes, in dünne Scheiben geschnittenes rohes Rindfleisch, allenfalls mit lauwarmen dicken Bohnen als Beilage und in Essig oder Olivenöl eingelegten Gemüsehappen als kleinem feinem Vorspeisengericht.

Nun ist es nicht so, daß die *Trattoria Belvedere* aufgrund dieses höchst monothematischen Speiseangebots von den Touristen gemieden würde, im Gegenteil, das kleine Lokal, dessen Besuch als schon fast obligatorischer Höhepunkt eines Abstechers in das nördlich von Riva gelegene Festungsstädtchen Arco gilt, ist fast ständig überlaufen – weswegen man sich möglichst nur außerhalb der Hochsaisonzeiten hierherauf wagen sollte. In dieser Form, als einmaliges folkloristisches Intermezzo, hat auch so eine simple *carne-salata*-Mahlzeit für viele ihren Reiz. Daran, daß dicke Bohnen, manchmal zusammen mit Polenta, hier jahrhundertelang den Hauptbestandteil der real existierenden Regionalküche ausmachten, der allenfalls an Festtagen durch ein paar Scheiben des gesalzenen Rindfleischs ergänzt wurde, denken die meisten nicht. Müssen sie auch gar nicht: Schließlich haben sich, mit wachsendem Lebensstandard und der rapiden Zunahme des Tourismus, auch am und über dem Gardasee gesamteuropäische, um nicht zu sagen internationale Eßgewohnheiten durchgesetzt.

Auch wenn es bislang am See selbst noch keine McDonald's-Filiale gibt (und auch nur eine einzige in Seenähe, an der Autobahn Verona–Mailand zwischen Sirmione und Desenzano): Die gastronomische Globalisierung hat auch vor dem Gardasee nicht halt gemacht – und die Seebesucher sind froh darüber, daß sie sich in dieser Hinsicht in der Fremde nicht allzu fremd zu fühlen brauchen.

Andererseits aber ist es gerade diese durch unsere eigene Reiselust geförderte Gleichmacherei, die in uns auch wieder das Bedürfnis, ja die Sehnsucht nach Fremdartigkeit wachruft. Leute, die sich wie ich und du benehmen, sehen wir zu Hause jeden Tag; doch wenn wir fortfahren, wollen wir endlich andere Menschen sehen, und zwar eindeutig andere: stolze Spanier, verschlossene Sarden, heitere Neapolitaner, kernige Südtiroler – ja, und welche Gardasee-Anrainer?

Tut uns leid. Wir haben, über das schon Gesagte hinaus, in dieser Richtung nichts anzubieten. Eine vor allem aus Zuzüglern zusammengesetzte Mischbevölkerung gibt da halt nur wenig her. Und Offenheit wie Unkompliziertheit mögen ganz angenehme Eigenschaften sein, aber mit ihnen allein läßt sich, wie wir zerknirscht gestehen müssen, leider kein zufriedenstellendes folkloristisches Profil konstruieren. Einige Gardaseeführer haben sich zwar – wohl wissend, was von ihnen erwartet wird – allerhand Mühe beim Aufspüren irgendwelcher Sondercharakteristika gegeben, aber viel Gescheites ist dabei nicht herausgekommen. Am häufigsten findet sich noch die Behauptung, die Uferbewohner seien zwar nicht im allgemeinen, aber doch eben in ihrer Eigenschaft als Uferbewohner ungewöhnlich eigenbrödlerisch. Soll heißen: Die Menschen am Ostufer wollen partout nichts von denen am Westufer wissen, und die am Westufer nichts vom Ostufer. Als Beleg für diese Behauptung wird normalerweise die in der Tat betrübliche Tatsache ins Feld geführt, daß der lange Gardasee nur von einer einzigen Autofähre überquert wird, der bereits erwähnten Fähre zwischen Torri del Benaco und Maderno, auf der man jedoch, so ein bedeutungsvolles wörtliches Zitat, »nur selten Einheimische antrifft«.

Das könnte allerdings einfach nur daran liegen, daß Dorf- und Kleinstadtbewohner überall auf der Welt nur ganz selten zu den Dörfern und Kleinstädten ihrer Umgebung unterwegs sind, mit welchem Verkehrsmittel auch immer. Und wieso sollten sie das auch tun? Wenn die Leute am Gardasee überhaupt Zeit für solche Fahrten finden, dann zieht es sie, meist wegen der besseren Einkaufsmöglichkeiten, in die nächstgelegene Großstadt, also nach Verona, nach Rovereto oder Trient, wenn sie am Ostufer oder nach Brescia, wenn sie am Westufer wohnen. Mit sturer Ignoranz gegenüber den Nachbarn hat freilich auch das nicht das geringste zu tun. Und was die Fährverbindung angeht: Wo anders ließe sich die derart sinnvoll installieren als da, wo sie jetzt den See überquert, nämlich eben in dessen Mitte?

Auch über Dauer und Häufigkeit der Fahrten kann man sich nicht wirklich beklagen: In beide Richtungen legt jeweils stündlich eines der Schiffe ab; zu saisonalen Stoßzeiten werden die Intervalle vermindert und damit die Transportquoten erhöht. Beklagenswert ist allein (aber auch das viel eher aus Sicht der Touristen als der Einheimischen), daß die Fähren bereits gegen acht Uhr abends ihre Dienste einstellen. Wer sich also so spät noch auf die Heimreise vom Gardasee begibt oder erst dann dort anzukommen gedenkt (beides kann zur Vermeidung von Autobahnstaus sehr sinnvoll sein!), sollte das einkalkulieren.

Wohl wahr ist, um ein letztes Mal auf die These von den »verfeindeten Ufern« zurückzukommen, daß die an beiden Seeufern lebenden Menschen oft tatsächlich nicht sehr genau über das unterrichtet sind, was sich in anderen Uferorten zuträgt. Doch auch das hat mit einer »unsichtbar längs durch den See verlaufenden Grenze« nichts zu tun – schon weil es für die Orte am eigenen nicht weniger als für die am gegenüberliegenden Ufer gilt. Und wer genau hinhört, wird rasch feststellen, daß die Bewohner des West- wie die des Ostufers immer noch sehr viel mehr voneinander mitbekommen als ein durchschnittlicher mitteleuropäischer Städtebewohner von dem, was zwei Straßen oder auch nur zwei Häuser weiter so alles geschieht.

Ganz genau Bescheid aber wissen die meisten der hier lebenden Leute über ihre eigenen Dörfer und Städtchen. Das gilt nicht bloß für den erweiterten Familientratsch, der bestens floriert, wie überall da, wo die Gemeinden noch überschaubar sind. Auch über das, was über ihren privaten Kreis hinauszugehen scheint, sind die Menschen hier meist hervorragend informiert – eben weil sie ein gutentwickeltes Gespür dafür haben, wie rasch fremde oder öffentliche Angelegenheiten zur eigenen Privatsache werden können.

Auch in dieser Einstellung ist allerdings zunächst nichts für den Gardasee Spezifisches zu finden. Für ganz Italien gilt, daß die uns sehr vertraute Trennung zwischen privat und öffentlich hier allenfalls in Ansätzen existiert. Und nichts wäre oberflächlicher als die Italiener nur deswegen für unpolitische Menschen zu halten, weil sie zwar über ihre Regierungen höchst leidenschaftliche Debatten zu führen imstande sind, sich aber erstaunlicherweise weigern, die Konsequenzen aus den dort vorgetragenen Argumenten – und zwar auch aus den eigenen Argumenten – zu ziehen. Wäre sonst ein Mann wie Silvio Berlusconi, der als Politiker vollkommen offensichtlich einzig seine eigenen Interessen verfolgt und seine dabei zutage tretende kriminelle Energie kaum notdürftig kaschiert, nach seiner Abwahl zum zweitenmal an die Macht gekommen? Oder andersherum gefragt: Hätte dieser Berlusconi seine Landsleute derart leicht mit Hilfe der über seinen eigenen Medienkonzern verbreiteten Propagandasendungen und -artikel manipulieren können, wenn die wirklich politisch denken würden?

Wer sich eine Zeitlang in Italien aufhält, merkt schnell, daß das mit der Politik hier anders funktioniert. Was den beständigen Kampf um Rom angeht, also um die Posten in der Zentralregierung wie im nationalen Parlament, sind die Italiener kluge Zyniker: Sie haben längst durchschaut, daß diese Auseinandersetzungen zwischen römischen Parteifunktionären an den realen Machtverhältnissen im Staat, also an der Dauerherrschaft des großen Geldes, nichts zu ändern vermögen. Deswegen aber nun gleich mürrische Politikverdrossenheit an den Tag zu legen, ist ihre Sache nicht; so etwas entspräche nicht ihrem Temperament. Also machen sie das Beste daraus und behandeln die große Politik wie ein fortwährendes großes Spiel, an dem sich alle aufgeregt beteiligen, ohne daß einer es wirklich ernst nähme.

Der Spaß hört sich aber auf, sobald es um politische Entscheidungen auf regionaler oder gar auf lokaler Ebene geht, die sich meist ganz unmittelbar auf das Leben der Betroffenen auswirken. Da reagieren und agieren die Leute dann nicht nur mit heißem Herzen, sondern meist auch mit erstaunlich kühlem Kopf. Auch die italienische Fähigkeit, Kompromisse zu schließen, gründet sich bei näherem Hinsehen weniger auf eine – auch längst zum Folkloreklischee geronnene – augenzwinkernde »Leben-und-leben-lassen«-Mentalität à la Don Camillo und Peppone als auf den pragmatischen Sachverstand der Beteiligten. Und wo der es erfordert, funktionieren auch Kommunikation und Kooperation zwischen den Anrainergemeinden des Gardasees (ganz gleich, an welchem Ufer die liegen) in der Regel hervorragend. Das erklärt auch eine Leistung wie die zügige Planung und Installation der die gesamte, meist arg unwegsame Uferlänge des Sees – das sind fast 160 Kilometer – umfassenden Ringkanalisation, die dafür sorgt, daß der zu Beginn der siebziger Jahre als hoffnungslos verschmutzt geltende See heute bis auf ganz wenige Stellen nahezu Trinkwasserqualität aufweist.

Überhaupt ist diese Bereitschaft zum lokal- wie regionalpolitischen Engagement hier noch lebendiger als in anderen Teilen Italiens. In dieser Hinsicht kann man tatsächlich von einem Gardasee-Spezifikum sprechen. Zu tun hat das gewiß auch etwas mit dem Tourismus: Wenn der als Erwerbsquelle nicht versiegen soll, sind die Ufergemeinden dazu gezwungen, einander entgegenstehende Ziele wie den weiteren Ausbau der touristischen Infrastruktur auf der einen und die Erhaltung von Natur, Landschaft und attraktiver Bausubstanz immer wieder in Balance zueinander zu bringen.

Daß indes nicht nur auf diesem Gebiet die Beteiligung der einzelnen Bürger hier noch stärker spürbar ist als an den anderen großen Seen Oberitaliens, erklärt sich aus der verwickelten Geschichte wie aus den besonderen geographischen Bedingungen des Gardasees. Die (noch dazu ständig wechselnde) Aufteilung des Seegebiets auf unterschiedliche Staaten und Herrschaftsbereiche wie die hohe Unzugänglichkeit weiter Uferstrecken haben nicht nur die Herausbildung größerer wirtschaftlicher Einheiten verhindert, sondern auch die am Comer See wie am Lago Maggiore bis heute folgenreiche Kolonisation der Seeufer durch den Adel und das Großbürgertum der umliegenden Städte. Es gab und gibt vor allem an der nördlichen Seehälfte ja nur ganz wenige Stellen, an denen es sich lohnte, weiträumige Grundstücke zu erwerben, um dort prächtige private Parks anzulegen und hochherrschaftliche Villen zu errichten.

So ist das Seegebiet heute weitgehend in der Hand der Ufergemeinden beziehungsweise ihrer Einwohner geblieben, und seine touristische wie seine sonstige kommerzielle Nutzung liegt nach wie vor fast ausschließlich in der Hand von Tausenden kleiner bis winziger mittelständischer Unternehmen und Familienbetriebe. Noch nicht einmal einer der großen internationalen Hotelkonzerne hat es bislang geschafft, hier eine Filiale zu errichten. Das ist allerdings bemerkenswert.

So wie der ganz große Reichtum am Gardasee fehlt, wird man hier nur ganz selten auch auf wirkliche Armut treffen. Zum Sozialparadies muß man die Region deswegen beileibe nicht hochstilisieren. Dennoch führt das überall verbreitete »Der-See-gehört-uns«-Gefühl nicht nur dazu, daß sich die hier lebenden Leute bemerkenswert aktiv ums Gemeinwohl, und das heißt auch umeinander kümmern; es sorgt quasi nebenbei auch dafür, daß die Dinge hier meist ein humanes Maß behalten. Und davon wiederum profitieren auch wir Besucher, selbst dann, wenn wir uns hier nicht dauerhaft niederlassen – so sehr wir uns eben das manchmal wünschen mögen. Diese ganz besondere See-Sehnsucht allerdings erfordert ein eigenes Kapitel.

8. Wimmers Paradies
oder An allem ist Rübchen schuld!

Nachdem wir klargestellt haben, daß man der Region um den Gardasee und deren Bewohnern alles Mögliche nachsagen kann, nur nicht, daß sie von deutschen Einflüssen geprägt seien, können wir es ruhig zugeben: Der See wirkt nicht nur während der Sommerferien ganz so, als sei er fest in deutscher Hand, sondern man kann sich hier – zumindest an allen Wochenenden vom frühen Frühjahr bis in den späten Herbst – auch sonst kaum des Eindrucks erwehren, in eine deutsche Kolonie geraten zu sein.

In allererster Linie liegt das natürlich an den deutschen Touristen. Schon als die in den Fünfzigern des vergangenen Jahrhunderts den Gardasee scharenweise als das Stück Italien entdeckten, für das die damals noch eher knappe Urlaubskasse ausreichte, konnten sie auf eine Reihe mehr oder weniger erlauchter Vorgänger zurückblicken. Womit wir ausnahmsweise nicht auf Goethe anspielen. Zwar, wir haben das ja ausführlich beschrieben, verlieh der kurze

Aufenthalt des nach dem jähen Absturz vieler deutscher Ideale und Idole womöglich noch ungebrochener als heute verehrten Geistesheros am östlichen Seeufer der Tradition des Gardasees als deutschem Urlaubsziel schon höhere Weihen, bevor sie überhaupt richtig begonnen hatte. Doch von Goethes italienischer Reise an gerechnet – sie begann im Jahr 1786 – sollte noch einmal fast ein Jahrhundert vergehen, bis sich hier die ersten Hotels und Landvillen mit den wirklichen Pionieren des Seetourismus zu füllen begannen.

Von einem deutschen oder genauer gesagt – Nord- und Ostufer des Sees gehörten ja damals noch zur Habsburger Monarchie – von einem deutsch-österreichischen Massensturm konnte allerdings auch da noch nicht die Rede sein. Schon eine Reise von Wien ins Salzkammergut oder von Berlin oder Essen nach Bayern galt ja bis lange ins 20. Jahrhundert hinein als ein nur für wenige Begüterte erschwinglicher Luxus. Doch noch in einem anderen Punkt unterschieden sich die damaligen deutschen Gardasee-Touristen erheblich von ihren heutigen Nachfolgern: Sie kamen fast ausnahmslos nur im Winter hierher: Die da in Deutschland herrschende Kälte mochten sie so wenig aushalten wie umgekehrt die Hitze des oberitalienischen Sommers.

Immerhin, der Ruf des bis dahin – trotz Goethe! – im deutschen Sprachraum so gut wie unbekannten Gardasees begann sich nun, im ausgehenden 19. Jahrhundert, allmählich zu verbreiten. Wie heute auch trugen schon damals vor allem die Medien dafür Sorge, daß auch die vom Glück weniger begünstigten Daheimgebliebenen erfuhren, wo die besseren Kreise Ferien machten. Medien, das hieß zu dieser Zeit natürlich: Gedruckte Medien, also Bücher,

Zeitungen und Zeitschriften, darunter auch schon illustrierte Blätter wie »Die Gartenlaube« oder, später, die »Berliner Illustrirte«. Journalisten im engeren Sinn des Wortes gab es damals aber noch kaum; nicht nur die Bücher, sondern auch die Journale wurden von Schriftstellern oder bildenden Künstlern verfaßt (und gemalt oder gezeichnet) – von jenen also, die den Adels- und Großbürgerkreisen als eine Art lockerer Hofstaat in deren Feriendomizile folgten.

So sind es, unter anderen, Autoren wie Friedrich Nietzsche, Hugo von Hofmannsthal oder Thomas Mann gewesen, die als frühe Touristen das positive Image des Gardasees begründen halfen – und auf diese Weise für den Zustrom weiterer Urlauber sorgten. »Es war«, notierte damals der deutsche Literaturnobelpreisträger Paul Heyse, »in der Tat eine Szenerie von so überschwenglichem Glanz des Lichtes und der Farben, der Monte Baldo drüben ruhte so feierlich über dem fast unwahrscheinlich purpurblauen Seespiegel, den die Ora noch nicht kräuselte, die Wellchen, die am Strande verrauchten, blitzten wie flüssiges Gold in den ersten Morgenstrahlen, und ein Traum schien die silbernen Wipfel der Olivenhalde zu wiegen, da sonst kein Lüftchen zu spüren war.«

So viel Idyllenzauber bewegte manche Schöngeister bereits Ende des 19. Jahrhunderts dazu, sich hier dauerhaft niederzulassen. Es gab selbst Versuche, hier geistig-künstlerische Gemeinschaften zu gründen, ähnlich wie die, die zur gleichen Zeit auf dem Monte Verità beim Lago Maggiore entstand. So gründete der deutsche Schriftsteller Otto Erich Hartleben, ein enger Freund Rudolf Steiners, in seiner in Salò gelegenen *Villa Halkyone* 1902 seine »Halkyonische Akademie für unangewandte Wissenschaften«.

Große Dauer war dem Unternehmen allerdings nicht beschieden, leider nicht – zumindest das aus ganzen zwei Sätzen bestehende »Grundgesetz« jener Akademie verrät nämlich nicht nur Idealismus, sondern auch ein nicht nur fürs damals Wilhelminische Deutschland bemerkenswertes Maß von anti-vereinsmeierischem Humor: »§ 1 Die Zugehörigkeit zur Halkyonischen Akademie bringt weder Pflichten noch Rechte mit sich. – § 2 Alles Übrige regelt sich im Geiste halkyonischer Gemeinschaft.«

Viel Aufhebens macht heute keiner mehr von der *Villa Halkyone*, auch nicht die Reisehandbücher. Trotzdem lohnt es sich immer noch, das um die Mitte des 16. Jahrhunderts, also noch zur Renaissancezeit erbaute Haus, das heute *Villa Alcione* heißt, zu besichtigen. Es steht an der Uferpromenade von Salò, an der auch sonst mit ansehnlichen Villen bestückten *via Cure del Lino* (Hausnummer 26). Und man braucht nur wenig Phantasie, um den über dem Portal stehenden Spruch als Motto für einen paradiesischen Gardaseeaufenthalt zu lesen, obwohl er bereits 1565 in den Marmor gehauen wurde und sicher eher moralisch als hedonistisch gemeint ist: *Vive ut post vivas*, lebe so wie du nach dem Tod leben mögest – also doch wohl paradiesisch, oder?

Otto Erich Hartleben starb 1905 in seiner Villa. Auch wenn die Urlaubermassen damals immer noch 50 Jahre auf sich warten lassen sollten: die touristische Kolonisation des Gardasees durch deutschsprachige Gäste hatte ohne Zweifel längst eingesetzt – zumal da auch der überwiegende Teil der Hotels in Riva und am Ostufer von Anfang an in deutschem oder österreichischem Besitz war. Und damit nicht genug, begann sich deutsch-österreichische Geschäftstüchtigkeit bald auch des westlichen Ufertourismus zu bemächtigen. Das bemerkenswerteste Resultat dieser Anstrengungen existiert heute noch, und jeder, der auf der westlichen Seeuferstraße zwischen Toscolano-Maderno und Salò unterwegs ist, bekommt es unweigerlich zu Gesicht: Das *Grand Hotel* in Gardone, genannt auch Gardone Riviera. Kommt man von Norden, erkennt man sofort, wie der Ort zu seinem schmückenden Beinamen kommt: Die steil abfallenden Hänge der Brescianer Berge, die das gesamte Westufer bisher begleiteten, weichen genau bei Gardone plötzlich zurück und machen einer mit Zypressen, Olivenbäumen und hohem Lorbeergebüsch bestandenen Hügellandschaft Platz, die vergleichsweise sanft zur Kuppe des 907 Meter hohen Monte Lavino ansteigt.

Mit dieser Umgebung erinnert der Ort in der Tat, und mehr als alle anderen am Seeufer, an die Riviera. Überhaupt ist Gardone die große Ausnahme unter den Uferorten. Weder eng zwischen den See und die Berge gequetscht wie Limone, Torbole, Gargnano oder andere Gemeinden der nördlichen Seehälfte noch wie die Städte des Südufers unbekümmert in die Weite ihres flachen Hinterlands gebaut. Am ehesten ließe sich Gardone noch mit den gegenüberliegenden Orten an der Ostküste vergleichen, also mit Garda und Bardolino, doch anders als Gardone sind – und vor allem waren – diese beiden Orte vom Etschtal und von Verona aus ohne alle Mühen zu erreichen.

Doch gerade die relative Abgeschiedenheit Gardones, die aus dem Gesichtspunkt des heutigen Massentourismus als Nachteil gelten würde, machte für die Luxusreisenden des späten 19. Jahrhunderts den Vorteil dieses Ortes aus: Hier blieb die vornehme Welt weitgehend unter sich – und hatte dennoch Platz, sich zu entfalten: An der Seepromenade von Gardone Riviera und auf den Hängen ringsum stehen vermutlich mehr hochherrschaftliche Villen als am gesamten übrigen Gardasee zusammen.

Seinen wirklichen touristischen Aufstieg aber verdankt Gardone der Medizin, genauer gesagt dem ursprünglich im ostwestfälischen Bad Lippspringe praktizierenden Lungenfacharzt Dr. Ludwig Rohden. Der schickte ausgewählte – und das hieß auch: ausgewählt wohlhabende – Patienten zur Kur hierher, nachdem er sich persönlich von der heilkräftigen Wirkung des milden Gardaseeklimas überzeugt hatte. Untergebracht waren Rohdens Luftkurgäste zunächst im *Albergo Pizzoccolo*. Dieses eher kleine Hotel drohte freilich bald aus allen Nähten zu platzen, zumal da immer mehr deutsche Mediziner es Rohden nachtaten und ihren Kranken gleichfalls eine Luftkur am Gardasee verschrieben.

Besitzer des *Albergo Pizzoccolo* war damals der in Österreich geborene Ingenieur Louis Wimmer. Der nun erkannte sehr früh, daß dieser Ort auch gesunde Menschen anziehen mußte, die zwar genug Geld, aber nicht immer Zeit oder Lust hatten, sich in einer Privatvilla einzuquartieren. Also trieb Wimmer Kapital auf und erbaute, nahe bei der Schiffsanlegestelle von Gardone, sein *Grand Hotel*, eine Art »Zauberberg« am Gardasee. Bis heute hat das sich lang am Ufer hinstreckende, mit großzügigen Seeterrassen ausgestattete, mit einem eigenen Turm bewehrte und überhaupt ganz im Imponierstil der Gründerzeit gehaltene Gebäude nirgendwo am See seinesgleichen.

Mit Wimmers Hotel und anderen Unternehmungen, die der Hotelbau nach sich zog (eine davon, das dem *Grand Hotel* gegenüberliegende *Caffè Wimmer*, hat gleichfalls vom

19. bis ins 21. Jahrhundert überlebt), begann nicht nur die Metamorphose von Gardone zu Gardone Riviera, sondern auch der erste große touristische Boom am Gardasee. Weil das jede Menge Geld und Arbeitsplätze hierherbrachte, waren die Einwohner von Gardone so dankbar, daß sie Louis Wimmer 1881 zum Bürgermeister ihrer Gemeinde machten.

Ein waschechter deutschsprachiger Österreicher Bürgermeister am Gardasee, und das nicht etwa am ohnehin von Wien aus regierten Ostufer, sondern hier, in der Mitte des Westufers, das zum neu entstandenen, mit Österreich immer noch stark verfeindeten Königreich Italien gehörte: So etwas ginge heute nicht mehr – oder noch nicht? So oder so, man wundert sich kaum darüber, daß bei weitem nicht alle Bewohner der Ufergemeinden von den Aktivitäten Wimmers und anderer österreichischer und deutscher Geschäftsleute hellauf begeistert waren. Und noch bevor zu allem Überdruß auch noch Erzherzog Albert von Österreich, ein Cousin des Kaisers Franz Joseph, mit seinen Freunden und seiner Familie die *Villa Principe* im wenige Kilometer nördlich von Gardone liegenden Fasano als allerhöchst-persönliche Jagd- und Sommerresidenz zu nutzen begann, machte unter den Einheimischen zum ersten Mal das durchaus bös gemeinte Wort von der *germanizzazione*, der Germanisierung des Gardasees, die Runde.

Dennoch, die vor allem durch deutschsprachige Hoteliers, Villenbesitzer und Reisende bewirkte Umwandlung der bis dahin meist winzigen Seegemeinden zu Erholungs- und Luftkurorten schritt gerade auch am Westufer weiter fort – bis ihr schließlich der Erste Weltkrieg 1914 ein jähes Ende setzte. Noch in der letzten Saison – und das hieß, wie gesagt, in der letzten Wintersaison – vor Kriegsausbruch verzeichnete die Gästechronik von Gardone 12 000 Besucher aus aller Welt. Nur nicht aus Italien: Nicht einmal zwei Prozent der sich in Gardone erholenden Gäste waren Italiener. Zwei Jahre später, Italien war erst 1915 auf der Seite der Entente in den Krieg gegen Deutschland eingetreten, hatte sich dieses Bild grundlegend geändert: Statt der deutschen und österreichischen Oberschicht waren es nun fast ausschließlich im Krieg verwundete italienische Offiziere, die sich hier gesund pflegen ließen.

Überdauert haben diesen Wandel der Zeiten jedoch die Häuser, auch wenn die meisten von ihnen nach Kriegsausbruch vom italienischen Staat konfisziert worden waren. Wer mag, kann sich auch heute nicht nur im *Grand Hotel* von Gardone einquartieren (dessen Attraktivität indessen – Schallschutzfenster hin, Schallschutzfenster her – durch die unmittelbar vorbeiführende *Gardesana* ziemlich eingeschränkt ist), er kann sein Quartier sogar in den prächtigen Jugendstilräumen der vormals kaiserlichen *Villa Principe* aufschlagen, die heute als Edeldependance zum ohnehin luxuriösen *Grand Hotel Fasano* (5 Sterne!) gehört.

Am Rande bemerkt: Eine weitere, mindestens ebenso lohnende Gelegenheit, Geld auszugeben, bietet in Gardone der Besuch der *Villa Fiordaliso*. Sie hat ausnahmsweise kein Deutscher errichtet, aber doch, wie um unsere These vom Gardaseegebiet als dem Kalifornien Mitteleuropas zu untermauern, ein Amerikaner deutscher Abkunft namens Otto Vézin. Das schützte die Villa allerdings auch nicht vor der Zwangsenteignung im Ersten Weltkrieg; ihr heutiges pittoreskes Aussehen – die Fassade schmücken Fresken im toskanischen Stil des 16. Jahrhunderts – verdankt sie den italienischen Besitzern, die die Villa 1928 erworben und ihr zu einem eher anrüchigen historischen Ruf verhalfen, als sie sie dem 1943 gestürzten und darauf von Hitlers Deutschen nach Salò expedierten Diktator Mussolini (mehr darüber an anderer Stelle) zur Verfügung stellten, der seinerseits seine Geliebte Claretta Petacci im zweiten Stock der *Villa Fiordaliso* unterbrachte – ausgerechnet im »Roten Saal« übrigens.

Mittlerweile steht freilich auch dieses Gebäude unmittelbar im Dienst des Tourismus: Nach 1960 wurde die *Villa Fiordaliso* zum kleinen feinen Hotel umgebaut. Unsere Empfehlung, hier Geld auszugeben, bezieht sich allerdings auf das angeschlossene Restaurant, eines der wenigen am Gardasee, das sich seit Jahren mit einem Michelin-Stern schmücken kann. Wer wissen will, warum das so ist, sollte hier einmal den Risotto mit Flußkrebsen und wilder Brunnenkresse probieren, die *ravioli al Bagoss* (so heißt der Käse aus dem nahen Bergdorf Bagolino), den auf Holzkohle gegrillten Gardasee-Aal oder – der zugegebenermaßen eine gewisse Tollkühnheit fordernde Entschluß wird sich aufs Angenehmste auszahlen – den Dessertkranz aus kandiertem Knoblauch (!) und kandiertem Fenchel.

Italienische Sinnenfreude und deutscher Pioniergeist, großbürgerlicher Amüsierwille und nationalistische Verstiegenheit, dekadenter Luxus und ein sich unterm Einfluß von Seeluft und südlicher Sonne bisweilen bis ins Absurde getriebener Hang zur pompösen Selbstverwirklichung und Selbstverewigung: all diese Tendenzen des ausgehenden 19. und des beginnenden 20. Jahrhunderts trafen hier in Gardone Riviera zusammen – und alle kulminierten sie in einem Haus: der prächtigen, inmitten eines sich weitläufig hangaufwärts ziehenden Parks gelegenen *Villa Cargnacco*. Seinen heutigen Ruhm verdankt das Gebäude dem Dichter, Hobby-Feldherrn und präfaschistischem Avant-garde-Ästheten Gabriele D'Annunzio, der im Park der Villa sein ebenso pompöses wie skurriles Privatmausoleum, das *Vittoriale*, errichtete. Doch über den Rummel um D'Annunzio ist mittlerweile der Vorbesitzer der *Villa Cargnacco* vollkommen in Vergessenheit geraten, obwohl der ein auf seine Art mindestens ebenso bemerkenswerter Mann war. Die Rede ist von dem deutschen Kunsthistoriker Heinrich oder Henry Thode, der übrigens die Villa seinerseits von Gardones österreichischem Lokalmatador Louis Wimmer erwarb.

Wer war Henry Thode? Selbst die gründlicheren unter den Reisehandbüchern begnügen sich mit der knappen Mitteilung, Thode sei ein Schwiegersohn Cosima Wagners gewesen. Damit hat sich's, obwohl eben diese Auskunft weitere neugierige Fragen provoziert. Wieso, zum Beispiel, war Cosima Wagners Schwiegersohn nicht auch der Richard Wagners? Weil Thodes Frau Daniela aus Cosimas erster Ehe mit dem Dirigenten Hans von Bülow stammt, lautet die scheinbar simple Antwort, die über die höchst abenteuerlichen Verhältnisse in der Familie wie in der *Villa Cargnacco* allerdings irreführend wenig aussagt. Gräbt man ein wenig in den Archiven herum, findet man nämlich bald heraus, daß die von Cosima heftig betriebene eheliche Verbindung ihrer Tochter mit Henry Thode einzig und allein den Zweck hatte, diesen auf eine den Anschein bürgerlicher Sittsamkeit wahrende Weise in die Großfamilie Wagner einzugliedern.

Bürgerliche Sittsamkeit? Richtig, jetzt wird die Geschichte spannend, auch im Hinblick auf die Vergangenheit der *Villa Cargnacco*. In deren traute Abgeschiedenheit nämlich pflegte sich Thode gern mit Richard und Cosima Wagners Sohn Siegfried zurückzuziehen. Dies auch, um zu arbeiten: Siegfried Wagner, Komponist wie sein Vater, schrieb hier in Gardone unter anderem an seiner romantisch-tragischen Oper »Sternengebot«, deren Held Helferich sein Leben ganz in den Dienst seines Freundes Heinz stellt – er mordet sogar für Heinz, geht für Heinz in den Kerker und schließt sich endlich Heinz zuliebe einem Kreuzzug an. Nicht zufällig nannte auch Siegfried Wagner seinen Herzensfreund Henry, der übrigens von 1889 bis 1891 Direktor des schon damals renommierten Frankfurter Städel-Museums war, stets Heinz.

Doch Thodes Hang zu lustvollem Zeitvertreib und Kurzweil beschränkte sich nicht auf Siegfried, und auch keineswegs auf Männer allein, selbst wenn seine Verbindung mit Siegfrieds Halbschwester Daniela eine »weiße Ehe« blieb, wie man das damals nannte. Die Tänzerin Isidora Duncan jedenfalls berichtete in ihren Memoiren von exzessiven Orgien, die sie gemeinsam mit dem lebenslustigen Kunstgelehrten in dem Bayreuther *Haus Phillipsruh* – und damit quasi unter den Augen von dessen sittenstrenger Schwiegermutter Cosima gefeiert habe. Ein Schelm, wer dabei nun nicht an die skandalumwitterten Stelldicheins denkt, die sich Gabriele D'Annunzio und die Schauspielerin Eleonora Duse in der vormals Thodeschen *Villa Cargnacco* gaben. Und kein Wunder auch, daß den Begriff *kurort* im Italienischen, wo er als deutsches Fremdwort bis heute fortlebt, nach wie vor einen Hauch von mondänem Sündenpfuhl umweht...

Zu merken ist davon im heutigen Gardone allerdings nichts mehr. Gut erhalten sind allerdings die Spuren, die Henry Thodes Aufenthalt in der *Villa Cargnacco* hinterließ. Auch wenn die Reiseführer nämlich durch die Bank das Gegenteil behaupten: Der nähere Augenschein zeigt, daß

D'Annunzio die von ihm 1921 erworbene und bald darauf als *Prioria* bezeichnete Villa keineswegs »komplett umgebaut« und dabei buchstäblich keinen Stein auf dem anderen gelassen habe. So ist, trotz einiger von D'Annunzio angebrachter, reichlich alberner Dekorelemente bis heute die im Auftrag Thodes stilsicher renovierte, ungewöhnlich plastische Fassadenstruktur des Hauses gut erkennbar. Und komplett erhalten ist vor allem der Bibliotheksflügel des Hauses (inklusive der darin untergebrachten kunsthistorischen Büchersammlung), dessen Ausbau und heutige Gestalt ganz auf Henry Thode zurückgehen. Und offen gesagt: Der Besuch dieser Bibliothek lohnt den kurzen Spaziergang von Gardones Ortszentrum hier herauf mehr als die Besichtigung des weltberühmten *Vittoriale* und all seiner pathetisch-kitschigen Versatzstücke, in und mit denen D'Annunzios tragikomischer Größenwahn sich hier zu inszenieren trachtete.

»An allem ist Hütchen schuld!« heißt eine weitere der Opern, die Siegfried Wagner hier in der *Villa Cargnacco* konzipiert hat, und die sich, nebenbei gesagt, heute als seine überlebensfähigste erweist, da sie ohne die erotisch reichlich verquaste Märchensymbolik seiner anderen Bühnenwerke auskommt. Und Gabriele D'Annunzios eigentlicher bürgerlicher Name lautete Rapagnetta, zu deutsch: kleine Rübe oder Rübchen. Hätte der Komponist geahnt, was der *Villa Cargnacco* und ihrem Park ein paar Jahrzehnte nach seinem Aufenthalt in Gardone blühen sollte – wir sind sicher, er hätte den Titel seiner Oper vermutlich um eine winzige Nuance geändert: »An allem war Rübchen schuld!«

9. Hanglage Seeblick
oder Die Angst der Deutschen vor
den Deutschen

Die Tradition des Gardasees als Objekt der Begierde für Zweitwohnsitzerbauer reicht sehr viel weiter zurück als zum Einzelreisenden Goethe oder zu Louis Wimmer und den deutschsprachigen Pionieren des modernen Tourismus. Wer immer ans südliche Seeufer und zumal nach Sirmione kommt, wird – ob er will oder nicht – mit der Nase auf die Spuren des altrömischen Dichters und Satirikers Catull gestoßen. Nicht nur kein Fremdenverkehrsprospekt, auch kaum eine bessere Speisekarte kommt ohne die Wiedergabe zumindest eines Zitats aus Catulls poetischer Liebeserklärung an den See in italienischer, deutscher oder gar, der Authentizität wegen, in lateinischer Sprache aus: *Paene insularum, Sirmio, insularumque / ocelle, quascumque in liquentibus stagnis / marique vasto fert uterque Neptunus / quam te libenter quamque laetus inviso...* – also schön, dann eben doch auf deutsch, in Eduard Mörikes Übersetzung: »O Sirmio, du Perlchen alles dessen, was Neptun in Landseen oder großen Meeren hegt, Halbinseln oder Inseln – froh, wie herzlich froh besuch' ich dich!«

Indessen, so verführerisch sich das auch anhört, beim Thema »Catull und der Gardasee« ist Vorsicht geboten. Zumal die selbst an Winterwochenenden von Touristenscharen überlaufenen »Grotten des Catull« zum einen keine Grotten sind, sondern die wiederausgegrabenen Ruinen eines ausgedehnten römischen Baukomplexes aus dem zweiten nachchristlichen Jahrhundert; und die wurden zum anderen ganz bestimmt nicht von Catull oder in dessen Auftrag erbaut – schon deswegen nicht, weil der Dichter nachgewiesenermaßen bereits 54 vor Christus starb, in Rom übrigens und nicht etwa am Gardasee.

Es läßt sich nicht einmal mit Sicherheit sagen, ob Catull überhaupt jemals ein Haus am Gardasee besaß. Fest steht lediglich: Sein Vater hatte sich, wie viele römische Patrizier, dort eine Sommerresidenz bauen lassen. Die stand zwar nahe bei Sirmione, aber nicht auf der kleinen, wie ein leicht gekrümmter Pfeil in den See ragenden Halbinsel selbst, auf dessen Schaft Sirmiones Altstadt liegt und an dessen äußerster Spitze sich die sogenannten Grotten des Catull heute den Besucherströmen präsentieren. Welchem Zweck diese zum Teil durchaus imposanten Mauerreste einst dienten, ist bis heute unklar. Die Erklärungsversuche reichen von Gästehaus für Süd-Nord-Reisende über Kaiserpalast bis zu Militärlager; am ehesten neigen die Experten inzwischen der Meinung zu, es handle sich um die Überreste einer großzügig ausgebauten Thermalanlage.

Die Unschlüssigkeit der Archäologen hat auch für uns Laien praktische Folgen. Die bewährte Regel »Man sieht nur, was man weiß« stimmt schließlich auch in ihrer Umkehrung: Was man nicht weiß, sieht man auch nicht.

Ganz besonders gilt das für archäologische Objekte, wo allein das Wissen jene Phantasie füttert und fördert, mit der Mauerreste im Kopf des Betrachters zu eindrucksvollen architektonischen Denkmälern werden. Was aber soll die Phantasie mit Steinen anfangen, die vielleicht einmal Teil eines römischen Luxusbads waren, vielleicht aber auch zu einer Kaserne oder einer Palastwand gehörten? Und so erblickt man in Sirmione, hat man sich endlich bis zu seiner vielgepriesenen Hauptsehenswürdigkeit vorgekämpft, bei bestem Willen nichts als das Fragment eines Torbogens und ein paar eher verloren wirkende Mauerreste, die nicht einmal besonders malerisch auf einem kleinen Hügel am Seeufer stehen.

Malerisch hingegen, das behaupten jedenfalls die Fremdenverkehrswerbung und die einschlägige Führerliteratur, malerisch sei der Anblick der Pseudogrotten des Pseudocatull im Lichte der schräg über den nahen See schimmernden Abendsonne. Zweimal haben wir versucht, dies nachzuprüfen. Das erste Mal scheiterten wir an einem Samstag, an dem wir – es war immerhin schon Mitte Oktober – naiv genug waren, uns die Chance auf einen Parkplatz vor Sirmione auszurechnen. Die Straßen der sich auf die enge Halbinsel quetschenden Altstadt selbst sind ohnehin für den Autoverkehr gesperrt. Wer glaubt, dies würde für eine streßfreie Atmosphäre sorgen, begebe sich einmal aufs Münchner Oktoberfest; das ist bekanntlich auch für den Autoverkehr gesperrt. Bei unserem zweiten Versuch fingen wir es entschieden schlauer an: Wir schifften uns auf einer der zahlreichen Personenfähren ein, die unentwegt vom nahe gelegenen Desenzano – wie übrigens auch vom etwas weiter entfernten Peschiera – nach Sirmione und zurück verkehren.

Auch in diesen beiden Orten müssen Autofahrer mit Parkplatzschwierigkeiten rechnen. Wie überall am Gardasee wird es um so schwerer, sein Fahrzeug zu deponieren, je näher man dem Seeufer kommt; doch mit mehr oder weniger Spürsinn findet sich dann doch jedesmal eine mehr oder weniger legale Parkgelegenheit. Apropos legal, und um endlich auf eine der meistgestellten deutschen Touristenfragen einzugehen: Ja, am Gardasee werden durchschnittlich immer noch mehr Autos gestohlen als im übrigen Norditalien – Mailand ausgenommen. Das ist vor allem am Südufer des Sees so, natürlich nicht, weil sich die südlichere Sonne aufs Gedeihen von Kriminalitätsgenen auswirkt, und auch nicht wegen eines sozialen Nord-Süd-Problems; das gibt es am Gardasee nicht. Nein, der vergleichsweise hohe Diebstahlsquotient in und um Peschiera, Sirmione und Desenzano ist einzig und allein den geographischen Verhältnissen geschuldet: Das hier ausnahmslos flache Ufer läßt Platz für sehr, sehr viele Menschen und Autos, erstens. Und zweitens bieten sowohl die hinter diesen Orten parallel zum Ufer verlaufende Autobahn wie auch das weitverzweigte Straßennetz um sie herum den Autodieben beste Chancen dafür, das fahrbare Beutegut rasch und unauffällig verschwinden zu lassen.

Soweit die schlechten Nachrichten. Es gibt aber auch eine gute: In den letzten Jahren ist die Zahl der Autodiebstähle am Gardasee immerhin spürbar zurückgegangen. Warum das so ist, kann einem kein Mensch genau sagen; gewiß ist nur, daß sich die Risikostatistik nicht nur innerhalb der verschiedenen italienischen Regionen, sondern innerhalb ganz Europas allmählich nivelliert. Man muß also nicht mehr unbedingt an den Gardasee kommen, damit einem das Auto gestohlen wird; das kann einem, leichter als früher, auch in Hamburg oder in der Toskana passieren. Trotzdem gilt nach wie vor: Wer allzusehr dazu neigt, um sein Auto zu zittern, sollte besser per Bahn oder Flugzeug anreisen und sich dann im Mietwagen oder auf dem Fahrrad um den See bewegen. Und umgekehrt: Wer, wie die allermeisten Gardasee-Touristen, doch das eigene Auto benützt, sollte wenigstens den Kfz-Schein nicht im Handschuhfach deponieren – und im übrigen die Gelegenheit nutzen, hier ein bißchen Souveränität gegenüber seinem schnöden Besitzdenken respektive, was aufs gleiche hinausläuft, ein bißchen Gottvertrauen zu trainieren.

Und selbst wenn es passiert: Die Versicherung wird schon zahlen, vorausgesetzt natürlich, man hat den Diebstahl möglichst schnell der Polizei gemeldet. Wobei man sich im Fall des Falles, auch wenn es deren Name nahelegt, nicht etwa an die *polizia stradale* wenden sollte (deren Beamte so gerne Radarfallen an den beiden Uferstraßen aufstellen), sondern an die *carabinieri*. Im übrigen versuchen wir hier gar nicht, die komplizierte Organisation der italienischen Polizei zu beleuchten. Ist auch gar nicht nötig; denn normalerweise sind alle Polizisten hier erfreulich hilfsbereit – es sei denn, man weigert sich, die oft absurd hohen Strafen für zu schnelles Fahren oder (eine besonders beliebte Fallenform) fürs Nichtbeachten von Stoppschildern vor Vorfahrtsstraßen zu bezahlen.

Zurück nach Desenzano und zu unserer zweiten Exkursion nach Sirmione. Die begann äußerst vielversprechend am Dampfersteg des von einer freundlichen Nachmittagssonne beschienenen Hafens von Desenzano. Und endete eine halbe Stunde später, so schnell kann das hier am Gardasee gehen, in einem Platzregen, der unablässig aus sich über dem Seebecken stauenden Gewitterwolken auf die Grotten des Catull herabstürzte.

Kurzum: Wer die einmalige Ansicht der römischen Ruinen im Lichte der Abendsonne und/oder die der tatsächlich reizenden Altstadtgassen von Sirmione nicht nur unbedingt, sondern auch ungestört genießen möchte, sollte es spätabends probieren, wenn sämtliche Tagesausflügler die Halbinsel wieder geräumt haben. Auch im späten November oder im frühen Februar soll man sich in Sirmione wohl fühlen können – jedenfalls unter der Woche. Im übrigen aber lautet unsere Gebrauchsanweisung für Sirmione schlicht: Vergessen Sie es! Was immer Catull zum Lobe des Gardasees gesagt hat – nirgends läßt es sich heute schwerer nachvollziehen als eben hier.

Und auch wenn Tausende von Italienern, vielleicht infolge der günstigen Anreisemöglichkeiten, das anders sehen: Für unsereinen hat sich die Verlockung, ausgerechnet am Südufer des Gardasees einen Zweitwohnsitz zu beziehen, 2000 Jahre nach Catull drastisch reduziert. Gewiß ist hier mehr Platz für solche Immobilien als irgendwo anders am See, weswegen sie auch, über Zeitungsannoncen wie übers Internet, haufenweise angeboten werden. Die am Gardasee heftig (wenn auch meist über italienische Unteragenten) mitmischenden deutschen Makler allerdings ziehen sich am Südufer mehr und mehr aus dem Geschäft mit den Zweitwohnungen zurück – sie wissen, ihre Kunden stellen sich für ihre Feriendomizile in der Regel ruhigere Umgebungen vor als den offenbar unaufhaltsam zum gigantischen Freizeit- und Shoppingpark zusammenwachsenden Uferverbund der Städte Peschiera, Sirmione und Desenzano.

Andererseits, so groß ist nicht einmal der große Gardasee,

als daß sich gut 15 000 deutsche Zweitwohnungen und Ferienhäuser – so viele sind es mittlerweile – samt und sonders an einsamen oder wenigstens vom Massentourismus noch einigermaßen verschont gebliebenen Uferstellen unterbringen ließen. Die Lösung dieses Problems liegt nah: Immer mehr Zweitwohnungsaspiranten (und immer mehr Makler) suchten und suchen ihr Glück nun nicht mehr am, sondern über dem See, und das heißt in aller Regel: hoch über dem See. Denn die wenigen seenahen Hanggrundstücke am Ost- wie am Südufer sind ja seit Jahrzehnten, manchmal sogar (wie oberhalb von Gardone) bereits seit mehr als einem Jahrhundert flächendeckend zugebaut.

Andererseits, wer an den Gardasee zieht, will verständlicherweise auch etwas vom Gardasee haben. Nun kann man von dem alles mögliche haben, kann in ihm baden, auf ihm surfen und segeln, an seinen Ufern angeln; doch das beste, was der See zu bieten hat, ist und bleibt für die allermeisten Besucher sein mit allen Tages- und Jahreszeiten wechselndes, aber stets wunderschönes Aussehen. Seeblick! – diese Verheißung schlägt denn auch da, wo es um den Bau oder den Erwerb von Häusern und Wohnungen geht, alle anderen Kriterien aus dem Felde.

Ablesen läßt sich das ganz einfach an den Preisen für diese Objekte: Für Einfamilienhäuser mit Gardaseeblick müssen Interessenten zwischen 4500 und 8000 Euro pro Grundstücksquadratmeter hinblättern; ohne Seeblick sind sie schon ab 2000 Euro zu haben. Appartements mit Seeblick kosten mindestens 2800 Euro pro Quadratmeter Wohnfläche, ohne mindestens 1800 Euro. (Alle Zahlen stammen aus dem Jahr 2004; die Preissteigerungsrate lag in den Jahren davor zwischen fünf und sieben Prozent, woran sich in absehbarer Zukunft kaum sehr viel ändern wird.)

Doch Vorsicht! Diese Zahlen stehen lediglich hier, um zu zeigen, wie drastisch sich der Hang zur Idylle, zum Seeblick in diesem Fall, auf die Finanzen der von der Seesucht Befallenen (oder Profitierenden) auswirkt. Eher begrenzten Wert indessen haben jene summarischen Preisangaben für diejenigen, die ernsthaft mit einem eigenen Zweitwohnsitz am Gardasee liebäugeln. Das hört sich doch nicht übel an, könnten die zum Beispiel denken: 3000 Euro für ein Appartement mit Seeblick, das macht für eine nette kleine 60-Quadratmeter-Wohnung 180 000 Euro – nicht wenig, gewiß, aber doch unter Umständen finanzierbar.

Rein mathematisch läßt sich dagegen nichts vorbringen, außer vielleicht der Hinweis auf die mit einem Immobilienverkauf verbundenen Nebenkosten: die Maklergebühren betragen in Italien zwischen zwei und sechs Prozent der Kaufsumme, der Notar möchte für seine Unterschrift ein Prozent, einen ziemlich dicken Brocken, nämlich zehn bis zwölf Prozent, kassieren die Behörden und Ämter. Ach ja, und dann gibt es noch die Grunderwerbssteuer; um einen Teil davon pflegen sich die Beteiligten traditionsgemäß zu drücken, indem sie einen vorbildlich niedrigen Kaufpreis erfinden (und den realen Rest über schwarze Kassen fließen lassen). Der Staat läßt sich das kalt lächelnd gefallen – und holt sich anschließend das ihm vorenthaltene Geld zurück, indem er einen bemerkenswert hohen Grunderwerbssteuersatz festlegt. Derzeit liegt er bei sieben Prozent – das sind doppelt soviel wie in Deutschland.

So werden aus 180 000 sehr schnell 210 000 Euro und mehr. Doch wir sind immer noch bei der bloßen Mathematik; über das Appartement, das so viel kosten soll, wissen wir bis auf die Tatsache, daß es 60 Quadratmeter klein ist, immer noch nichts. Aber die »Gardaseezeitung« (sie erscheint ein- bis zweimal pro Monat und wird kostenlos an die deutschen Seebesucher verteilt) weiß mehr; wir zitieren aus ihrer Ausgabe von Anfang August 2004, die sich mit dem Bau und der Vermietung von Zweitwohnungen auf den Hängen oberhalb von Malcesine befaßt: »Am gefragtesten sind Standorte mit Panoramablick auf den Gardasee. Beim größten Teil der zur Verfügung stehenden Immobilien handelt es sich um Appartements in Wohnkomplexen, die in den 70er Jahren entstanden und zu touristischem Gebrauch bestimmt sind.«

Nicht daß wir irgend jemanden vergraulen wollen. Aber genauso, wie sich das anhört – Wohnkomplexe zu touristischem Gebrauch bestimmt –, sieht es an betrüblich vielen Zweitwohnungsstandorten oberhalb des Gardasees inzwischen auch aus. Anders gesagt, Hanglage und Seeblick allein garantieren noch längst keine Idylle. Und das wiederum bedeutet: Wer mehr will als seinen Seeblick vom Balkon einer dünnwandigen Wohneinheit aus genießen, eine von Dutzenden, ja manchmal Hunderten, die nach dem gleichen Muster geklonter Einheiten auf ihrerseits gleich aussehende Appartementblocks verteilt sind, der muß schon wesentlich tiefer in die Tasche greifen.

Eben dazu sind die deutschen Ansiedlungswilligen in der Regel eher bereit (und imstande) als die italienischen. Sie suchen nicht irgendeine kürzlich hochgezogene Freizeit-Immobilie, sondern ein wirkliches, solides und gerne schon vor längerer Zeit gebautes Landhaus, ein *rustico*. Das wiederum freut die Makler, und es würde sie noch mehr freuen, wenn nicht gerade ihre deutschen Kunden über die obligatorischen Wünsche nach ruhiger Lage und Seeblick hinaus oft noch ein ganz spezielles Anliegen hätten: Sie möchten während ihres Seeaufenthalts um keinen Preis in der Nähe von anderen Deutschen wohnen.

Ein merkwürdiger Charakterzug, diese Berührungsangst vor unseresgleichen – und dazu einer, den wir Deutschen mit keiner anderen Nation teilen. Wenn es überhaupt ein typisch deutsches Urlauberverhalten gibt, dann ist es dieses – und nicht etwa der Hang zu ausgeprägter Alkoholseligkeit (in dem Punkt können zumal Angelsachsen und Skandinavier locker mithalten) oder gar die den Deutschen, meist allerdings von anderen Deutschen, immer wieder nachgesagte Unfähigkeit, sich den Sitten und Gebräuchen ihrer Gastländer anzupassen. Richtig ist ja eher das Gegenteil: Zumindest die besseren deutschen Touristen, und wer zählt sich nicht gern zu diesen, investieren im Urlaub oft rührend viel Ehrgeiz in den Versuch, es in möglichst jeder Hinsicht ihren Gastgebern nachzutun, um nur ja nicht für deutsche Touristen gehalten zu werden.

Klar ist auch: Was für gewöhnliche Touristen gilt, gilt für Ferienhausbesitzer doppelt und dreifach. Man kann sich darüber leicht lustig machen – und kann es doch auch ganz gut verstehen. Wer sich ein Haus baut oder ein Haus kauft, der will eben in der Regel mehr als nur im Urlaub Herr in seinen eigenen vier Wänden sein. Ihn leitet vielmehr die Sehnsucht, sich ein Stück zweiter Heimat zu schaffen. Und je weiter die nicht nur geographisch, sondern auch mental vom Herkunftsort und vom plagenreichen Alltag entfernt ist, desto besser stehen die Chancen des Zweitwohnsitzes, zumindest in den Augen seines Besitzers, sogar zur ersten, zur eigentlichen Heimat aufzusteigen: Hier ist er Mensch, hier darf er's – endlich! – sein! Wer wollte es ihm da übelnehmen, wenn er bei diesem Versuch, neue Wurzeln zu schlagen, auch von den Nachbarn, die immer schon hier wohnen, als einer der Ihren akzeptiert werden möchte. Und wer wollte ihm seinen Ärger verdenken, wenn er feststellen muß, daß die meisten jener Nachbarn aus eben dem Land kommen und ihn an eben das Land erinnern, dessen Alltag er hier für ein paar Wochen, für ein paar Monate oder sogar für einen ganzen Lebensabend hinter sich zu lassen versucht?

Gewiß spürt man die Angst der Deutschen vor den Deutschen nicht nur am Gardasee, sondern überall auf der Welt. Aber in kaum einer Region begegnet man ihr so häufig wie hier – eben weil sich hier so viele Deutsche aufhalten. Längst haben sie sich auch an den Hängen oberhalb der Seeufer festgesetzt. Um ihnen wenigstens da zu entgehen, wo sie sich in Pulks aufhalten, muß man sich als Tourist wie als Zweitwohnungssuchender noch eine oder zwei Etagen höher hinaufbegeben – und, auch wenn es noch so sehr schmerzt, man muß womöglich auf den direkten Seeblick verzichten. Denn noch für die abgelegensten Hochtäler und Bergkuppen gilt: Wo immer man von ihren Abhängen aus auf den Gardasee sehen kann, herrscht Feriensiedlungsalarm.

Nachprüfen läßt sich das am einfachsten von unten aus, zum Beispiel bei einem Cappuccino oder einem Aperitif auf der Seeterrasse des in einem wunderschönen Gebäude aus dem 15. Jahrhundert untergebrachten Hotelrestaurants *Gardesana* am Hafen von Torri del Benaco. Einst war dieses Haus der Amtssitz des *Capitano del Lago*; so lautete der offizielle Titel des Regenten der kleinen Gardaseerepublik *Gardesana dell'Acqua*, die die Venezianer gründeten, nachdem sie im 15. Jahrhundert den See und seine Ufergemeinden endgültig erobert hatten – die Seeschlacht von Riva, Sie erinnern sich.

Wer heute vom Hotel *Gardesana* aus auf die oberhalb der westlichen Uferorte Limone, Campione und Gargnano gelegenen Hochplateaus hinüberblickt, wird zu seiner Verblüffung den Eindruck haben, daß sich dort oben zwischen den Bergen bemerkenswert große Dörfer breitmachen, von denen er erstens noch niemals etwas gehört hat und die zudem, was die Verwirrung komplett macht, auf keiner Karte verzeichnet stehen. Und von weitem gesehen, nehmen sich diese Bergsiedlungen sogar recht hubsch aus, ja fast pittoresk, mit ihren vor dem Hintergrund von Almwiesen und Hochwäldern weiß leuchtenden Baukastenhäusern – oder nachts mit ihren vielen Lichtern, die gleich Sternenhaufen von dort droben über den See schimmern. Nur merkwürdig eben, daß diese Orte offenbar gar keine Namen haben.

O doch, sie haben Namen, und wer genau hinschaut, findet diese Namen sogar auf seiner Landkarte. Apropos Landkarte: Mit Ihrem Autoatlas werden Sie hier nicht sehr weit kommen; wenn Sie vom Gardasee und von seiner Umgebung etwas haben wollen, kaufen Sie sich eine Wanderkarte im Maßstab 1:100000 oder, besser noch, 1:50000. Vor manchen Überraschungen schützen einen allerdings auch diese Karten nicht. Wie eben vor der, daß man dort, wo man vom Kartenbild her allenfalls den abgelegenen Teil eines winzigen Bergweilers oder gar nur ein paar versprengte Hütten erwartet, auf stattliche – nein, eben nicht Dörfer, sondern Ferienhaussiedlungen stößt.

Die prosaische Wahrheit hätte man freilich schon aus der Ferne ahnen können, auf dem Weg des Umkehrschlusses: Alle Orte, alle Häuser, die man vom See aus sehen kann, sind ja eben deswegen auch Plätze mit Blick auf den See, also ideale Standorte zum Bau von Ferienwohnungen aller

Art – und zur Landschaftsverschandelung. Immer wieder trifft man auf Almwiesen, an Berghängen und anderen Stellen hoch über dem Gardasee, zu denen vor 50 Jahren noch nicht einmal ein Karrenweg hinführte, auf mehr oder weniger lieblos in die Landschaft betonierte Appartementblöcke oder gar auf ganze Wohnanlagen, die alle miteinander eins gemeinsam haben: Balkone oder Aussichtsterrassen mit Seeblick.

Nicht einmal an Tremosine, der schönsten aller Hochebenen über dem Westufer des Gardasees, und am benachbarten Gemeindegebiet von Tignale, ist dieser Bauboom vorübergegangen. So sind einige der insgesamt siebzehn Einzelgemeinden Tremosines derart mit Ferienbehausungen zugebaut, daß sich ihre ursprüngliche Dorfstruktur kaum noch erkennen läßt. Und eine von ihnen, das hoch über Limone gelegene Bazzanega (im lokalen Sprachgebrauch auch Bassanega genannt), ist sogar eine komplett künstliche Siedlung, zusammengefügt aus Hotels, Appartementkomplexen, Bungalowsiedlungen, Swimmingpools und einer ganzen Reihe von Tennisplätzen.

Bevor man da freilich empört die Nase rümpft, sollte man sich zweierlei klarmachen. Erstens, mit solchen Siedlungen verhält es sich wie mit allen scheußlichen Bauwerken auch: Sobald man erst einmal drin ist, stört einen der Anblick nicht mehr, den sie von außen bieten. Und zweitens, wer wollte es den bis dahin meist bettelarmen Berggemeinden verargen, daß sie den Feriensiedlungsbau mit Grundstücksverkäufen und Baugenehmigung förderten, um auf diese Weise auch vom Gardaseetourismus zu profitieren?

Mittlerweile, und das ist die gute Nachricht, haben sich die lokalen Politiker ohnedies eines Besseren besonnen.

Baugenehmigungen, auch für Einzelobjekte, die gerade in den Regionen oberhalb des Sees noch bis in die 80er Jahre des letzten Jahrhunderts fast zu Schleuderpreisen vergeben wurden, sind heute echte Mangelware geworden – und an die Errichtung neuer Appartementsiedlungen denkt erst recht keiner mehr. Überhaupt sind es erfreulicherweise die kleinen Berggemeinden oberhalb des Gardasees, von denen die in den letzten Jahren zu beobachtende Trendwende am Gardasee ausgegangen ist. Ihnen haben sich inzwischen auch viele Ufergemeinden angeschlossen. So haben auch und gerade die im Gemeindeverbund von Tremosine zusammengeschlossenen Orte begriffen, daß nur der Verzicht auf den Massentourismus wie auf exzessive Bebauung die Chance bietet, das größte Kapital der Region, nämlich ihre einmalige Natur- und Kulturlandschaft auch weiterhin gewinnbringend zu nutzen.

Klasse statt Masse heißt also kurz gesagt die neue Fremdenverkehrsdevise am und über dem See. Deswegen nun gleich zu erwarten, daß der Gardasee alsbald wieder das werden wird, was er vor 130 Jahren einmal war, also ein Luxus-Ferienziel für die oberen Zehntausend, wäre dennoch stark übertrieben. Die großen alten Zeiten der Luftkurorte Riva und Gardone Riviera werden nicht zurückkommen. Und wer Wert auf vollen Rund-um-die-Uhr-Service in perfekten, mit edlen Mehrsterne-Restaurants und noch edleren Wellnessbereichen ausgestatteten Relax-Stationen legt, wird in der Regel auch in Zukunft anderswo besser aufgehoben sein als hier.

Individualtourismus ist eben längst – und gottlob – nicht mehr das gleiche wie Luxustourismus. Oder besser gesagt: Der wahre Luxus, auch der einer Ferienlandschaft, liegt heute gerade in ihrer besonderen Eigenart und in unserer Bereitschaft, uns auf sie einzulassen. In diesem Sinn lassen wir nun Freizeitkomplexe wie den von Bazzanega hinter uns, vergessen sämtliche Zweitwohnungen und -häuser, gegebenenfalls sogar unsere eigenen, und begeben uns auf eine ganz private Entdeckungsreise durch die Hochebene von Tremosine.

10. Tremosine oder Die alte Welt

Fortgeschrittene Mountainbiker kennen sie womöglich vom Vorbeifahren, die *Malga Lorina*: Sie liegt direkt an einer Schotterpiste, die vom Gardasee über die Berge von Tremosine hinauf auf das beliebteste Bikerziel der Region, den Tremalzo, führt. *Malga* ist das italienische Wort für eine Hochalm. Doch wer da nun – man kennt das ja schließlich aus unzähligen Heimatfilmen – ein schmuckes Hüttlein mit schindelgedecktem Dach und womöglich grünen Fensterläden erwartet, dürfte beim Anblick der *Malga Lorina* eine herbe Enttäuschung erleben. Ein lieblos graugelb verputztes, zudem klobiges Steinhaus, dicht daneben ein nur wenig niedrigeres, aus gleichem Stein gemauertes Stallgebäude – das ist alles.

Man sieht es der Alm bis heute noch an: Die Leute aus Cadignano, Pregasio und anderen Tremosine-Dörfern, die ihr Vieh schon vor Jahrhunderten im Sommer hier hinauftrieben, hatten weiß Gott andere Sorgen als sich ums malerische Erscheinungsbild ihrer Almhütten zu kümmern. Erst recht galt das, und zwar bis weit hinein ins 20. Jahrhundert, für die, die das Vieh hüteten, die Sennerinnen und Senner – wie zum Beispiel für Natalina Arrighini Ghidotti. 66 Jahre alt ist Natalina mittlerweile; aber wer sie von diesen 66 Jahren erzählen hört, glaubt sich in lange zurückliegende Jahrhunderte versetzt.

Geboren worden, sagt Natalina lachend, sei sie 1938 in Pregasio, und zwar »mit einem Zicklein auf dem Arm«. Das ist keine Übertreibung, sondern allenfalls ein bißchen Poesie, aus der allerdings bald harte Realität werden sollte: Als Natalina fünf Jahre alt war, amtierte sie bereits als Viehhüterin. Und: Sie konnte den familieneigenen Wecker ablesen. Das war wichtig; denn jeden Morgen um vier mußte sie ihre kleine Herde – zwei Kühe, ein Rind und drei Schafe – auf die Weide führen. Mit sechs Jahren dann zog die Kleine hinunter ins Dorf, nach Sermerio, zu ihrer Großmutter, um die Schule besuchen zu können. Doch dabei ist es ihr so ergangen wie dem Geißenpeter in Johanna Spyris »Heidi«: Besonders viel Spaß hat ihr die Schule nicht gemacht. Jeden Sonntag rannte sie wieder hinauf auf die Alm ihres Vaters (zum Glück damals noch die *Malga Negrini*, die sehr viel niedriger liegt als die *Malga Lorina*), um die kleinen Ziegen zu füttern. Und als der Vater im Jahr darauf krank wurde, war Natalina alles andere als traurig, daß ihre Eltern – Not kennt kein Gebot – das Schuljahr eigenmächtig auf die drei Monate zwischen Dreikönig und Anfang April zusammenstrichen.

Zum Mitrechnen: Wir befinden uns im Jahr 1945, drunten in der Welt ist gerade der Zweite Weltkrieg zu Ende gegangen. Die siebenjährige Natalina weiß davon nichts; sie arbeitet jetzt als Vollzeitkraft auf der elterlichen Alm, melkt das Vieh, mistet die Ställe aus, wäscht die Wäsche und ist dazwischen immer wieder mit einem prall gefüllten Rucksack zwischen dem Dorf Sermerio und der *Malga Negrini* unterwegs. Vom Dorf herauf schleppt sie Proviant – Brot, Salz und andere karge Grundnahrungsmittel, und hinunter trägt sie immer wieder Käselaibe.

Der Käse, der *formaggio* oder, ganz korrekt, die *formaggella di Tremosine*, ist neben der Milch bis heute das bekannteste Produkt, das auf dieser Hochebene erzeugt wird. In allen Läden und an allen Supermarkttheken rings um den Gardasee kann man es kaufen. Gegessen wird der immer aus frisch gemolkener Vollmilch hergestellte und mit kleinen Löchern durchsetzte Tremosine-Käse meist im jungen Stadium, wenn seine Konsistenz noch weich, fast cremig ist – und sein typisches, sehr delikates Bergkäsearoma tatsächlich an den Duft von Almwiesen erinnert. Seine feine Säure wie seine ausgesprochen gute Bekömmlichkeit erhält er dadurch, daß er bis zum Erreichen seiner Gerinnungstemperatur vorsichtig erwärmt und dann seinem natürlichen Reifeprozeß überlassen wird.

Bei den Arrighinis war ausschließlich die Mutter für die Zubereitung der *formaggella* zuständig. Die fertigen Laibe wickelte sie in große Ahornblätter, bevor sie oder ihre Tochter Natalina sie hinunter in den Dorfladen brachten, um sie dort gegen andere Produkte zu tauschen.

Als Natalina 15 Jahre alt geworden war, starb ihr Vater. Die Familie, die nicht mehr wußte, wie sie auskommen sollte, schickte das Mädchen nach Mailand, einmal in eine Stellung als Dienstmädchen, einmal als Arbeiterin in einem Betrieb. Man schrieb das Jahr 1953, auch Italien begann sich allmählich von den Nöten der Kriegs- und

Nachkriegszeit zu erholen. Vor allem das wieder florierende Leben und die Arbeitsmöglichkeiten in den Städten brachten damals Zehntausende junger Leute dazu, ihre Heimatdörfer zu verlassen. Auch die Gemeinden von Tremosine erlebten damals eine große Auswanderungswelle, verständlicherweise: Die Bergbauernbetriebe, die zu dieser Zeit endgültig in Nachteil gegenüber der sich immer weiter rationalisierten Agrarwirtschaft drunten in den Ebenen gerieten, waren schlicht nicht mehr in der Lage, sie zu ernähren. Und vom Fremdenverkehr, der mittlerweile die Haupterwerbsquelle Tremosines darstellt, war hier oben weit und breit noch nichts zu bemerken.

Natalina aber scherte sich um all das nicht. Beide Male, nachdem sie fortgeschickt wurde, hielt sie es nicht länger als zwei Wochen in Mailand aus; das Leben, die Arbeit in der Stadt waren ihr zuwider. Lieber als das ertragen, sagt sie noch heute, habe sie ein Leben lang *patüs* suchen wollen – *patüs* ist das Dialektwort für das Laub, das man den Kühen in den Stall streut. Weil Natalina aber auch unter noch so kargen Bedingungen nicht vom *patüs*-Sammeln leben konnte, entschloß sie sich, den Mann zu heiraten, der nach dem Tode ihres Vaters dessen Vieh gekauft hatte. Bald darauf bekam sie ein Kind, das sie bereits nach zwei Monaten der *nonna*, ihrer Großmutter, in Pflege geben mußte. Weil die Almwirtschaft für den Unterhalt der Familie nicht ausreichte, blieb ihrem Mann nichts übrig als sich im Tal Arbeit zu suchen und die Sorge fürs Vieh allein seiner Frau zu überlassen. Doch ein paar Jahre später mußte die sich, um die Familie durchzubringen, auch ihrerseits nach einer »Nebentätigkeit« umsehen. Der nächstgelegene Platz, der dafür in Frage kam, war die Baumwollfabrik in Campione – dem einzigen direkt am

Seeufer gelegenen Ort des Gemeindeverbunds von Tremosine.

Der abenteuerliche, wenn auch mittlerweile gut gesicherte Weg von Campione zur kleinen *Malga Pom de Pi* oberhalb von Sermerio, auf der Natalina damals arbeitete, gilt heute (allerdings nur für trittsichere Wanderer!) als landschaftlich besonders eindrucksvolle Route: Er führt zunächst an Wasserfällen entlang durch eine steil zum See hin abfallende Schlucht und dann über die Hänge des San-Michele-Tals unterhalb und oberhalb von Pregasio – und er nimmt an die zweieinhalb Gehstunden in Anspruch. Natalina freilich brauchte diesen Weg nicht zu gehen. Da die Spinnereifabrik von Campione viele ihrer Arbeitskräfte aus den abgelegenen Dörfern des Tremosine rekrutierte, fuhren jeden Morgen und jeden Abend Busse von der Hochebene nach Campione und zurück.

Bis 1981, als die Fabrik von Campione ihre Pforten schloss, und während sich drunten am See die Wohlstandstouristen längst in hellen Scharen tummelten und dabei auch ihren Gastgebern zu einem nie gekannten Lebensstandard verhalfen, empfand Natalina diesen Bus als eine Art Luxus: Um ihn rechtzeitig, nämlich täglich um fünf Uhr zu erreichen, genügte es ja, wenn sie um zwei Uhr nachts aufstand, die Tiere fütterte, den Stall besorgte und dann von der Alm zur Bushaltestelle hinunterrannte. Und nachdem sie den ganzen Tag gearbeitet hatte, war sie kurz nach sieben Uhr abends wieder zurück auf der Alm, um sich erneut ums Vieh zu kümmern, und um die Arbeit, die außerdem auf sie wartete. Bis 1981!

Immerhin, Natalina erhielt nach der Schließung der Fabrik Arbeitslosengeld. Sie hätte sich Kleider dafür kaufen können, oder ein paar einfache Geräte, um sich ihre

Tätigkeiten im Stall und in der Küche damit zu erleichtern. Nicht Natalina! Sie kaufte Ziegen für das Geld, dreizehn Ziegen mit, wie sie noch heute stolz berichtet, »seidig glänzendem Fell« – und zog schließlich von 1989 an mit ihren Tieren jeden Sommer – von Mitte Mai bis Anfang November – auf die mehr als 1500 Meter hoch gelegene *Malga Lorina*, wo ihr Arbeitstag bis heute, bis ins Jahr 2004, um halb sechs Uhr früh beginnt und oft erst kurz vor Mitternacht endet.

Sie habe doch ein schönes Leben bisher gehabt, sagt Natalina. Und wenn sie dabei lächelt, geschieht das nicht aus Ironie. Natalina lächelt, weil sie stolz ist auf ihr Leben, und stolz darauf, sich selbst treu geblieben zu sein. Und vielleicht lächelt sie auch deshalb, weil sie ahnt, wie unglaublich es für uns klingt, daß dieses Leben sich sozusagen vor unseren Augen abgespielt hat und bis heute abspielt. Dennoch, es ist nicht nur ein Stück der wahren Geschichte, sondern auch und immer noch ein Stück Gegenwart dieser Region, der wir in dieser Erzählung begegnen. Ein Stück, darauf kommt es an – und nicht das Ganze. Wollten wir behaupten, die Biographie der Natalina Arrighini Ghidotti sei bis heute repräsentativ oder auch nur typisch für das Leben der Leute in Tremosine, würden wir dieses Stück Wahrheit letzten Endes zum Folklorekitsch umfälschen.

Eher schon trauen wir uns, eine andere Frau als Repräsentantin Tremosines zu bezeichnen, auch wenn sie gar nicht hier oben und auch nicht am Gardasee geboren wurde. Oder, richtiger gesagt: Gerade weil sie nicht hier geboren wurde; auch das Zugewandertsein – wir haben das schon erklärt – ist ja zumindest kein untypisches Merkmal der Menschen, die hier wohnen. Wir sprechen von

Clara Pilotti Delaini, der Frau, ohne die wir nie etwas vom Alm- und Arbeitsleben Natalınas erfahren hätten. Clara Pilotti ist vielleicht die engagierteste, aber bei weitem nicht die einzige Heimatforscherin im heutigen Tremosine. Unterstützt bei ihren Forschungen hat sie Don Gabriele Scalmana, der nicht nur Pfarrer in Tremosine ist, sondern sich auch, wie übrigens schon sein Vorgänger, Don Giacomo Zanini, mit ebenso großer Hartnäckigkeit wie Leidenschaft darum bemüht, Geschichte und Eigenart seiner Gemeinde zu dokumentieren. Doch damit nicht genug – als Interpret des christlichen Existentialisten und Utopikers Teilhard de Chardin hat sich Don Gabriele auch bei Theologen und Philosophen einen guten Namen gemacht.

Der Pfarrer als Dorfchronist: das hört sich schon fast wie ein Klischee aus der guten alten Zeit an. Doch mit konservativem Traditionalismus haben Don Gabriele, Clara Pilotti und ihre Freunde nicht das geringste im Sinn. Sie haben vielmehr bewundernswert genau erkannt, daß herkömmliche Traditionspflege allein – oder gar das, was sich Fremdenverkehrsmanager unter Traditionspflege vorstellen – nur selten das am Leben erhält, was das Besondere einer Region und ihrer Geschichte ausmacht. Einer Tradition wirklich gerecht werden, das heißt zuallererst, sie wahrzunehmen, auf sie aufmerksam zu machen und ihr so womöglich zu dem Respekt zu verhelfen, der ihr zusteht. Sehr viel mehr kann man für Traditionen selten tun; allein schon der – noch so gutgemeinte – Glaube, Traditionen ließen sich bewahren, mündet regelmäßig gerade ins Mißverständnis und in den Mißbrauch von Traditionen.

Mit gutem Grund geht deshalb die Traditionsarbeit, die Menschen wie Clara Pilotti und Don Gabriele Scalmana in und für Tremosine leisten, vollkommen unspektakulär vor sich. Wobei die Bescheidenheit, mit der sie sich auf die Spurensuche machen, allzu leicht über den immensen Aufwand, über die Energie und, vor allem, über die Leidenschaft hinwegtäuscht, die damit verbunden sind. So ist auch Natalinas Biographie, die wir hier nacherzählt haben, bei weitem nicht die einzige, auf die Clara Pilotti uns aufmerksam machte. Jahrelang war sie, Clara, in den Hochtälern und Bergen unterwegs und unterhielt sich mit Dutzenden von Frauen, um ihre Geschichten aufzuzeichnen und sie schließlich sogar zu veröffentlichen.

Im normalen Buchhandel freilich, schon gar im deutschen Buchhandel, ist das daraus entstandene Buch »Donne di Tremosine – Frauen aus Tremosine« leider nicht zu haben. Doch immerhin liegt es bei vielen Zeitschriftenhändlern und im Fremdenverkehrsbüro von Pieve (dem Hauptort von Tremosine) aus – und mit ihm eine Reihe von weiteren Bänden, in denen Clara Pilotti Delaini und ihre Freunde die Alltagsgeschichte Tremosines dokumentiert haben. Und wir behaupten ohne Umschweife: Wer diese Bücher – die meisten von ihnen sind in zweisprachiger Fassung, italienisch und deutsch, erschienen – nicht kennt, wird auch Tremosine nicht kennenlernen.

Aber *muß* man Tremosine denn überhaupt kennenlernen? Nun, man muß keineswegs. Zum einen gibt es mittlerweile bestimmt Hunderttausende von Menschen, die am Gardasee ein paar Tage oder sogar ein paar Wochen verbracht haben und anschließend glücklich heimgekehrt sind, ohne auch nur eine der dreizehn Gemeinden von Tremosine zu Gesicht bekommen zu haben. Wobei wir uns sicher sind: Wer vorhat, es diesen fröhlichen Zeitgenossen gleichzutun, hätte sich unsere Gebrauchsanweisung nicht gekauft – und erst recht nicht hätte er sie bis hierher gelesen. Zweitens aber, das ist der sehr viel erheblichere Einwand, gibt es eine ganze Reihe von Menschen (einige davon kennen wir sogar persönlich), denen Tremosine mehr ans Herz gewachsen ist als irgendeine andere der Regionen am und um den Gardasee – und die gerade deswegen der Ansicht sind, Lobpreisungen in einem Reisebuch seien so ungefähr das letzte, was Tremosine wie ihnen selbst fehle.

Wir sind da wieder einmal bei einem Grundsatzproblem angelangt. Einerseits würde sich kein Mensch ein Buch wie dieses kaufen, wenn er darin nicht zumindest den einen oder anderen Hinweis auf Ziele abseits des touristischen Mainstream zu finden hoffte. Doch andererseits, und ebenso verständlicherweise, legt jeder, der von einem solchen Geheimtip erfährt, den allerstrengsten Wert darauf, daß der auch geheim bleibt – und nicht etwa einfach mir nichts, dir nichts in einem Buch veröffentlicht wird.

Reden wir nicht lange herum: Dieses Dilemma wird sich niemals wirklich zur Zufriedenheit aller Beteiligten auflösen lassen. Uns bleibt da nichts als der immer wiederholte Versuch, unseren Kopf aus der Schlinge zu ziehen. Im Fall von Tremosine fällt uns das allerdings gar nicht so schwer. Wir verlassen uns da einfach auf die berechenbarste Eigenschaft des Durchschnittsreisenden, nämlich sein Phlegma, das sich hier aufs Angenehmste mit der relativen Unzugänglichkeit der meisten Orte Tremosines ergänzt. Alte Regel: Wer im Urlaub ist, will sich nicht anstrengen, und will deswegen auch nicht stundenlang über enge Gebirgsstraßen kurven, zumal dann nicht, wenn ihn unterwegs nicht berühmte Kunstdenkmäler, spektakuläre Naturanblicke, Drei-Sterne-Restaurants oder andere touristische Haupt- und Staatsattraktionen erwarten. Von all dem aber, das können wir guten Gewissens behaupten, kann in Tremosine nirgends die Rede sein.

Oder jedenfalls fast nirgends. Zumindest was die Abteilung »Spektakuläre Anblicke« betrifft, müssen wir Tremosine nämlich gleich zwei davon zugestehen, die allerdings beide die Eigenschaft haben, neugierige Besucher zugleich anzuziehen und abzuschrecken. Das erste prunkt dabei geradezu mit seinem abschreckenden Namen – »Schauderterrasse!« – und stellt sich dann bei näherer Begegnung doch als eher ungefährlich heraus: die direkt über die 400 Meter fast lotrecht zum See abfallende Felsstufe gebaute, aber beruhigend solid vergitterte Aussichtsterrasse des südlich der Ortsausfahrt von Pieve gelegenen Hotels *Paradiso*. (Für Freunde des gepflegten Nervenkitzels: Die Schauderterrasse hat noch ein Gegenstück in Pieve selbst: der ebenfalls über dem Seeufer in die Luft ragende und voll verglaste Speiseraum des Hotelrestaurants *Miralago*.)

Genau umgekehrt verhält es sich mit Tremosines zweitem großartigem Naturschauspiel, das seine abschreckende Wirkung erst nach Kontaktaufnahme, dann aber vehement entfaltet. Auf den ersten Blick sieht es wie eine ganz normale Straße aus, die vom Gardaseeufer hinauf nach Tremosine führt – gesetzt den Fall, es gelingt einem überhaupt, diesen ersten Blick zu erhaschen. Die Schwierigkeiten, die sich dem Straßenbau hier generell entgegenstellen, haben es nämlich mit sich gebracht, daß die kleine Straße nach Pieve di Tremosine von der *Gardesana occidentale* nur wenige Meter hinter einem Tunnel abzweigt. Und weil die meist schnurgeraden Tunnelstrecken so ziemlich die einzigen auf der *Gardesana* sind, auf der man automatisch ein bißchen Gas zulegt, muß man, wenn man von Riva oder Limone herkommt, schon höllisch aufpassen, um nicht an der Abzweigung nach Pieve vorüberzurauschen, bevor man sie überhaupt zu Gesicht bekommen hat. Und dann ist es für lange Zeit zu spät: Den Rat, auf der Gardasee-Uferstraße, auf der östlichen wie auf der westlichen, nicht zu wenden, muß man gar nicht erst aussprechen, den gibt einem die Straße mit ihrer permanenten Folge von unübersichtlichen Kurven ganz von selbst. Wer hier irgendwelche Wendemanöver macht, setzt nicht nur sein Leben aufs Spiel. Daß sich immer wieder Irre finden, die es dennoch probieren und damit furchtbare Unfälle – sowie nebenbei endlose Staus – auslösen, steht auf einem anderen Blatt.

Hier, an der Abzweigung nach Pieve, böte ein kleiner Parkplatz übrigens eine Wendemöglichkeit. Im Fall des Falles hilft das aber auch nicht weiter; wer versehentlich an der Abzweigung vorüberprescht, hat ja auch den Parkplatz hinter sich gelassen. Und beging damit gleich einen Doppelfehler. Denn Abzweigung und Parkplatz liegen nur wenige Meter oberhalb eines so sonderbaren wie bemerkenswerten Ortes: des Hafens von Tremosine.

An dieser Stelle nicht nur unseres Buches, sondern auch an dieser Stelle der *Gardesana occidentale* werden selbst viele Tremosine-Liebhaber ungläubig den Kopf schütteln. Der Hafen von Tremosine – wie soll denn das zugehen? Schließlich wissen sie, und wissen inzwischen auch wir: Tremosine liegt, von hier aus gesehen, weit droben über unseren Köpfen, sozusagen auf dem Dach der auf breiter Front und scheinbar senkrecht zum See hin abfallenden Felswand, deren Höhe hier mehr als 400 Meter beträgt. Schon die Behauptung, daß hier eine Straße hinaufführen soll, kommt einem beim Anblick dieses schroffen Steilabsturzes vollkommen unglaublich vor. Was aber ein Hafen für einen Sinn haben soll, den eine solche Felsmauer vom nächsten bewohnbaren Ort trennt, leuchtet einem schon gar nicht ein.

Auch die Tatsache, daß dieser viele hundert Jahre alte Hafen mittlerweile kaum noch benutzt wird, löst das Rätsel nicht. Eher macht sie die Verwirrung noch größer, zumal wenn man weiß, daß die Straße vom Hafen hinauf nach Tremosine erst 1911 gebaut wurde. Und dennoch stimmt das Unglaubliche: Der kleine Hafen (wie übrigens auch sein weiter südlich gelegenes Gegenstück, der zur gleichnamigen Hochebene gehörende Hafen von Tignale) wurde vom frühen Mittelalter an bis ins 20. Jahrhundert hinein regelmäßig von Schiffen und Transportkähnen angefahren. Die für Tremosine bestimmten Lasten, die sie mit sich brachten, wurden mühselig, nicht selten auch unter Gefahr von Leib und Leben, auf schmalen Felspfaden nach oben geschleppt. Viel war es wohl nie, was auf diese Weise seinen Weg fand; aber da damals – es gab ja noch keine Uferstraße – das Wasser die einzige Transportmöglichkeit zwischen und zu den Uferorten im Norden bildete und da jene Felspfade zugleich die direkteste Verbindung zwischen Tremosine und dem See waren, mußten sich die Bewohner des Hochplateaus eben jahrhundertelang mit dem Wenigen zufriedengeben.

So wie die Geschichte der Natalina Arrighini Ghidotti erzählt einem also auch die ähnlich unglaubliche Geschichte dieses kleinen Hafens eine ganze Menge über Tremosine, bevor wir überhaupt dort oben angekommen sind. Wer sie ganz konkret spüren will, diese Geschichte, sollte sich die Zeit nehmen, sein Auto kurz auf den Parkplatz zu stellen und die paar Schritte zum alten Hafen hinunterzugehen. Spektakuläres gibt es da nicht zu sehen; ja, genau genommen gibt es so gut wie überhaupt nichts zu sehen, außer zwei verblüffend winzigen und allmählich verfallenden Kaimauern. Und wer ganz genau hinguckt, findet auch noch Bruchstücke jener Fundamente zweier simpel konstruierter Aufzugsanlagen, mit denen sich die Leute von Tremosine von der zweiten Hälfte des 19. Jahrhunderts an den Warentransport zwischen dem Hafen und Pieve erleichterten.

Genannt wurden diese Lifte einfach *fili*, Drähte; und sehr viel mehr waren sie auch nicht. Der erste, der »Berasi-Draht« lief mit Hilfe von steinernen Gegengewichten; er wurde 1906 durch den »Cozzaglio-Draht« ersetzt, bei dessen Betrieb Wasserfässer die Funktion der Steingewichte übernahmen. Der techno- und ökologische Vorteil dieses Systems liegt auf der Hand: Das jeweils bei der Abfahrt in die Fässer gefüllte Wasser ließ sich nach der Ankunft der Tragegondeln sehr viel unkomplizierter in den See entladen als die zuvor verwendeten Steinbrocken.

Kaimauern und zerbrochene, von Lorbeergestrüpp überwachsene Liftfundamente – diese kargen Überreste der alten Hafenanlage bezeichnen immerhin exakt die Stelle, an der sich der *Porto di Tremosine* befand. Heute ist es gerade die fast absurde Verlassenheit dieses einst so geschäftigen Ortes, die seinen Betrachter jäh und ohne Vorwarnung aus der Gegenwart herausreißen kann. Und dann hat man hier, nur wenige Meter unterhalb der unüberhörbar hektischen Uferstraße, das Gefühl, als stünde für ein paar Minuten die Zeit ganz still.

Nun aber Schluß mit solchen Träumereien, und zurück zum Auto! Schließlich haben wir spektakuläre Attraktionen versprochen. Und in der Tat, das wirkliche, für manche Auto- und Beifahrer sogar nervenzerfetzende Abenteuer auf dem Weg nach Tremosine beginnt erst jetzt, nachdem man die Abzweigung nicht verpaßt und damit die erste Hürde genommen hat. Zu Beginn läßt sich das Unternehmen noch moderat an: Die Straße nach Pieve windet sich zwar bald in ziemlich steilen Serpentinen empor, sie ist aber tadellos und – wenn auch knapp – zweispurig ausgebaut. Verblüffend schnell gewinnt man so Höhe; auch der erste lange Tunnel, der sich auftut, kann Geübte nicht schrecken, es sei denn, die Scheinwerfer Ihres Autos hätten gerade den Geist aufgegeben. Im Inneren dieser immerhin einen knappen Kilometer langen Röhre herrscht nämlich tags wie nachts pechschwarze Finsternis. Kein noch so bescheidenes Orientierungslämpchen weit und breit, kein Felsfenster, durch das Licht einfallen könnte – von Tunnelnotausgängen, Nothalteplätzen oder ähnlichem Sicherheitsfirlefanz selbstverständlich ganz zu schweigen; die Tunnel-Tester des ADAC, denkt man, hätten hier ihre helle respektive dunkle Freude.

Aber geschenkt, schließlich sind wir in Italien, und da sind Angströhren wie diese ja keine Seltenheit. Und noch ahnt ja, wer hier zum ersten Mal unterwegs ist, keineswegs, was ihn unmittelbar nach der Tunnelausfahrt erwartet: Aus der kleinen, aber leidlich komfortablen Straße ist plötzlich ein zwar immer noch bestens asphaltiertes, aber nun beklemmend schmales Sträßchen geworden, eingefaßt von niedrigen Steinmauern, über die hinaus der Blick – und, so denkt man unwillkürlich, im Zweifelsfall auch das Auto – in leere Abgründe fällt. Obendrein werden die gemauerten Leitplanken nun immer wieder unterbrochen, von mächtigen und scharfkantigen Felsen, die alle paar Meter unbekümmert in die Fahrbahn hineinragen, mal von links und mal von rechts. Von Zweispurigkeit kann ohnehin hier nicht mehr die Rede sein, aber das ist gar nicht das Problem. Die entscheidende Frage, die sich einem hier aufdrängt, lautet vielmehr: Wie schafft man es auch ohne Gegenverkehr überhaupt, sein Auto halbwegs heil hier durchzubugsieren?

Sehr lange kann es sich freilich auch der Ängstlichste nicht leisten, dieser Frage nachzugrübeln. Denn natürlich gibt es hier Gegenverkehr, zu manchen Tages- und Jahreszeiten zwar einigermaßen selten (was einen dann aber, wegen des bekannten Überraschungseffekts, ganz besonders erschreckt), manchmal, vor allem an Wochenenden, aber auch ziemlich häufig. Das Gute dabei ist nur, daß auf dieser Straße niemand Gedanken darauf zu verschwenden braucht, wie er sich am besten auf Gegenverkehr einstellt. Man *kann* sich hier nicht auf den Gegenverkehr einstellen, jedenfalls nicht mit den üblichen Maßnahmen: Halbwegs langsam fährt man, ob man das nun will oder nicht, ja ohnehin; dafür sorgen schon die erwähnten Felshindernisse, die zugleich die Sicht auf die vor einem liegende Straße auf ganz wenige Meter begrenzen; und sich ängstlich rechts zu halten, hilft auch nichts, eben weil die Straße so und so nicht breit genug ist für zwei Fahrzeuge.

Kurz und gut, man kommt sich hier vor wie in des fahrenden Holländers Alptraum – und dieser Alptraum wird noch kilometerlang anhalten. Apropos Holländer: Jeder Versuch, die an der Abzweigung aufgestellten Warnschilder zu ignorieren und diese Route mit einem Anhänger, gar einem Wohnwagenanhänger zu befahren, kann nur im Verderben enden. Und apropos Alptraum: Es kommt noch schlimmer. Irgendwann nämlich, nachdem man bereits die ersten unter Schweißausbrüchen im Rückwärtsgang absolvierten Ausweichmanöver absolviert hat (die seltenen dafür vorgesehenen Buchten verdienen ihren Namen kaum), irgendwann also verläßt die Route den Steilhang und wendet sich in die nicht minder steile, aber nun auch nach oben hin erschreckend enge Schlucht, durch die die Wasserfluten der Brasa von Tremosine aus in den See stürzen.

Zwischen kirchturmhohen Klammwänden bleiben hier oft nur wenige Meter Platz, und den müssen sich Fluß und Straße nun auch noch teilen, wenn nicht die Straße direkt über das Wasser oder, auch das gibt es hier, der Wasserfall direkt über die Straße geleitet wird. Straße? Spätestens hier, im Inneren der Brasaschlucht begreift man, daß man sich nicht auf einer ordinären Autostraße befindet, sondern auf dem Weg durch ein phantastisches Labyrinth, in dem nicht nur die normalen Verkehrs- und Straßenbauvorschriften, sondern auch die Unterschiede zwischen links und rechts, vorwärts und rückwärts, oben und unten, ja zwischen Wasser und Fels plötzlich überhaupt keine Rolle mehr zu spielen scheinen.

Irgend jemand hat die Route durch die Brasaschlucht einmal »die schönste Straße der Welt« genannt. So etwas läßt sich naturgemäß schwer nachprüfen, und doch glaubt man es sofort – und glaubt es um so stärker, je öfter man diese Schlucht durchfahren hat. Auch die immer begründete Angst vor Gegenverkehr und Ausweichmanövern weichen dabei irgendwann einer routinierten Sorgfalt, die man getrost seinem chauffierenden Unterbewußtsein überlassen kann. Doch schon bei seiner allerersten Fahrt hier herauf spürt manch einer, sobald er die wildesten Passagen hinter sich hat und die Felsschlucht sich zum dunkel bewaldeten Talgrund weitet, nicht etwa Erleichterung, sondern ein leises Bedauern: Doch schade, daß es schon vorüber ist...

Wie gut trifft es sich da, daß alsbald die über eine Biegung des talwärts strömenden Flusses gebaute alte Brasa-Mühle vor einem auftaucht, und dicht daneben die ehemalige Hammerschmiede, in der heute die *Trattoria La Brasa* untergebracht ist. Eine romantischer gelegene Einkehr läßt sich nicht denken. Abends, obwohl man da ja von der wunderschönen Lage kaum etwas hat, ist hier nur sehr schwer ein Tisch zu ergattern. Und an Wochenenden geht ohne Reservierung gar nichts; dann wird Giuseppe und Giuseppina Cozzagglios Lokal zur beliebtesten Anlaufstelle weit und breit, auch wegen der Pizza, für die Sohn Mario vor allem bei den Kindern seiner Gäste berühmt ist.

Weil wir uns ja aber die Fahrt nach Tremosine vorgenommen haben, um dem Rummel aus dem Weg zu gehen, haben wir dafür gesorgt, daß wir bereits zur frühen Mittagszeit die *Trattoria La Brasa* erreichen. Und als schlaue Insider ignorieren wir auch die zahlreichen Bänke und Tische auf dem Wiesenhang zwischen dem Lokal und der Straße, streben statt dessen zielsicher die kleine gemütliche Terrasse auf der Rückseite des Lokals an, bestellen eine gegrillte Forelle und ein Glas Prosecco – und sind kurz darauf rundum zufrieden mit der Welt und uns.

Gottlob ist es immer ein wenig schattig in der Brasaschlucht; sonst würden wir womöglich der Versuchung nachgeben, hier stundenlang sitzen zu bleiben. Aber noch haben wir ja ein paar Kilometer vor und über uns auf der nun wieder breiter gewordenen (und manch einen deswegen zum leichtsinnigen Gasgeben verleitenden) Serpentinenstraße. Dann tauchen die ersten Häuser von Pieve über und neben uns auf, und eine Minute später, gleich nach der Ortseinfahrt, auch schon die Straßenkreuzung, an der eine wichtige Entscheidung fällig ist: Soll man sich nach rechts wenden, um den allesamt sehenswerten Tremosine-Bergdörfern (*frazioni* werden sie hier genannt) Priezzo, Voiandes, Vesio und Voltino einen Besuch abzustatten und anschließend über die zweite (von uns bisher verschwiegene) Verbindungsstraße zwischen der Hochebene und dem See nach Limone hinunterzufahren? Oder fährt man besser geradeaus, wo erst die Schauderterrasse lockt und dann die Route über Pregasio und Cadignano nach Sermerio und dem *Pra Grasso*, der »fetten Wiese«, die noch einmal eine Etage höher liegt als das Hochplateau?

So oder so: Am besten sucht man zuerst einmal einen Parkplatz – und findet ihn, wenn man Richtung Vesio fährt, 100 Meter rechts hinter der Kreuzung. Das lohnt sich erstens, weil man sich sonst um das Vergnügen bringen würde, ein bißchen durch Pieve zu bummeln und den eigenartigen Reiz dieses Ortes auf sich wirken zu lassen. Und es lohnt sich zweitens, weil es im bereits erwähnten Fremdenverkehrsbüro von Pieve – es befindet sich unmittelbar neben der Straßenkreuzung – den ganz vorzüglichen, von Don Gabriele Scalmana verfaßten »Kleinen Führer« durch Tremosine zu kaufen gibt. Den werden Sie brauchen, gleich auf welchem Weg Sie Tremosine kennenlernen wollen. Unsere Gebrauchsanweisung aber hat ihre Schuldigkeit, indem sie Sie hierherauf gelotst hat, schon getan. Don Gabriele, übernehmen Sie!

11. Geschmacksfragen
oder Warte, bis es dunkel wird

Bei aller Lust, die ausgetretenen Pfade des Massentourismus zu verlassen: Sobald die Rede auf den Gardasee kommt, fallen den meisten Deutschen nach wie vor die Namen prominenter Uferorte ein. Malcesine, Bardolino, Peschiera, Sirmione, Salò, Gargnano, Limone oder Riva – sie alle, oder doch ein paar von ihnen, will man wenigstens gesehen haben, wenn man schon einmal in der Nähe ist. Und erwartet deshalb von einer Gebrauchsanweisung mehr, als daß sie sich – so wie wir das nun zehn Kapitel lang getan haben – nur immer warnend dazwischenwirft, sobald man sich einem dieser Besuchermagnete auch nur gedanklich annähert. Irgendwann hat schließlich selbst der entdeckungslustigste Individualreisende genug entdeckt, irgendwann will auch er sich vor gedeckte Tische setzen, in gemachte Betten legen, seine Beine von sich strecken und – Klischee hin, Klischee her – einfach nur faul genießen, was ihm hier angeboten wird.

Nur leider (aber das ist garantiert der letzte Einwand, den wir erheben werden) läßt sich so ein Genießerprogramm am Gardasee nicht ganz so einfach realisieren, wie es sich anhört. Auch was das Essen und Trinken betrifft, lauern hier nicht wenige Touristenfallen. Wobei, und damit kommen wir zügig zum Positiven, die teuflischste Touristenfalle ihren Sinn verliert, wenn die Touristen ausbleiben. Die Fremdenverkehrsämter rings um den See mögen den Trend mit gemischten Gefühlen betrachten, doch unsereiner nimmt ihn mit Wohlgefallen zur Kenntnis: Seit einiger Zeit geht die Anzahl der Gardaseebesucher Jahr für Jahr um ein paar tausend oder sogar zehntausend zurück. Ihre anfänglichen Versuche, die Massen mit Dumpingpreisangeboten zurückzulocken, hat die einheimische Tourismusindustrie ziemlich schnell aufgegeben, da sie nichts fruchteten. Statt dessen setzt sich immer mehr das Bestreben durch, aus der Not eine Tugend zu machen und sich an den von uns beschriebenen Zeiten der Vergangenheit zu orientieren, in denen der See weniger von Pauschaltouristen als von stillen Genießern und anderen Einzelreisenden aufgesucht wurde.

Gewiß steht diese Entwicklung erst an ihrem Anfang; sonst müßten wir nicht so viel List und Spürsinn darauf verwenden, den allzu breitgetretenen Routen am Seeufer zu entkommen. Doch andererseits kann sich dieser Anfang durchaus sehen lassen. Das gilt fürs Beherbergungswesen; immer mehr kleine wie größere Hotels werden umgebaut, bei ihrer Renovierung ist nicht mehr so sehr die Zahl der Räume als vielmehr deren sorgsam-individuelle Ausstattung entscheidend. Es gilt aber mittlerweile – und das trifft sich für unsere Genießervorsätze nun doch sehr günstig – auch für die Gastronomie am Gardasee.

Um diesen Befund nachzuprüfen, starten wir zu einer kleinen spätabendlichen Rundreise um den See. Die Betonung liegt dabei durchaus auf spät; das aber nur am Rande deshalb, weil in Italien sehr viel später als bei uns zu Abend gegessen wird – am Gardasee herrschen in dieser Hinsicht ohnehin moderate Verhältnisse, man ißt in besseren Restaurants normalerweise zwischen acht und elf zu Abend; und auch mittags läßt sich hier, vor allem an den Wochenenden, ganz ausgezeichnet speisen. Das spätabendliche Essen hat am Gardasee einen ganz anderen Vorteil: Um diese Zeit sind die allermeisten Touristen wie vom Erdboden verschluckt, sämtliche Souvenir-, Sommerfähnchen- und sonstigen Schnickschnackläden haben ihre Auslagen weggeräumt und die Rolläden heruntergelassen – und plötzlich sehen Malcesine, Sirmione, Limone und all die anderen überlaufenen Uferorte wieder so hübsch aus wie es im Buche (wenn nicht in diesem hier, so doch in jedem anderen Reiseführer) steht.

Mit anderen Worten: spazierengehen ist angesagt, entweder vor dem Essen, um sich gleichzeitig Appetit zu machen, oder nachher, um das dann garantiert reizvolle nächtliche Sightseeing zum Kalorienabbau zu nutzen – und sich ganz am Schluß noch einen kleinen Absacker in irgendeiner Hafenbar zu gönnen. Man schläft ja dann auch besser...

Zumindest auf die Hafenbar müssen wir auf der ersten Station unserer abendlichen Gourmetreise um den See allerdings verzichten. Im kleinen Kurstädtchen Arco gibt es bei Nachtspaziergängen allerhand zu sehen, die wunderschöne, von der Renaissancefassade des verblüffend riesigen Doms dominierte und an zweieinhalb Seiten von wunderschönen Patrizierhäusern gesäumte *piazza 3 novem-*

bre etwa – aber der nächstgelegene Hafen, der von Riva, findet sich erst ein paar Kilometer weiter südlich: Arco ist der einzige unter den prominenten Gardaseeorten, der nicht am See liegt. Fürs Spektakuläre sorgt hier statt dessen die *rocca*, das ist der unmittelbar neben, ja fast aus der Stadt aufschießende Burgfelsen. Der zwanzigminütige Weg zur Burg hinauf eignet sich übrigens ideal für eine kleine Nachtwanderung, erstens weil er gut beleuchtet ist und zweitens, weil man zu dieser Zeit beim Aufstieg bestimmt nicht ins Schwitzen kommt.

Von der *Trattoria Belvedere* (sie liegt ebenfalls oberhalb von Arco, im westlichen Vorort Varignano) und ihren berühmten *carne-salata*-Platten war ja schon im siebten Kapitel die Rede. Sehr schön und in noch stimmungsvollerem Ambiente zu Abend essen kann man aber auch in Giannis Trattoria (*da Gianni*) im Ortsteil Chiarano. Wobei der Wirt mit der schlichten Bezeichnung Trattoria ziemlich tiefstapelt: Zwar wird hier vor allem die Küche der Region gepflegt, Cannelloni aus Kartoffelteig mit Steinpilzen zum Beispiel, oder im Ofen geschmortes Kaninchen mit Pflaumen aus dem nahe gelegenen Dorf Dro (und das heißt: mit den besten Pflaumen der Welt!); doch serviert werden diese Köstlichkeiten in einem säulenbestandenen Saal unter einem hochimposanten Kreuzgewölbe aus dem 18. Jahrhundert.

In wenigen Minuten zu erreichen ist die *Trattoria Belvedere* übrigens auch von Riva aus. Daß nicht wenige von dieser Möglichkeit Gebrauch machen, spricht nicht gerade für Riva – man merkt dem altehrwürdigen Kurstädtchen heute weniger seinen vor allem vom österreichisch-deutschen Luxustourismus des 19. Jahrhunderts rührenden Charme an als seinen Charakter als erste Auffangstation und Durchgangsschleuse für den Massentourismus am Gardasee. Auch der Gastronomie fehlte es in Riva bis vor einigen Jahren eher an Klasse als an Masse. Als Gourmet-Hochburg – im wahren Sinn des Wortes – galt allenfalls das unterhalb der venezianischen Festungsruine gelegene Hotelrestaurant der vornehmen *Villa Negri*. Mittlerweile tut sich aber auch drunten im Ortskern einiges – und so läßt sich ein Abendspaziergang durch Rivas historisches Zentrum bestens verbinden mit einem Essen in der nahe am venezianischen Stadttor Porta San Marco gelegenen *Al Volt*. Auch hier macht das Ambiente durchaus etwas her: Man sitzt unter hohen Gewölbebögen an blumengeschmückten Tischen – und hat die Qual der Wahl zwischen zwei Speisekarten. Die eine offeriert trentinische Gerichte wie die mit Auberginen gefüllten und im Herd überbackenen Nudelrouladen oder ein Rindsfilet mit Kräutersauce; die andere huldigt mit knallgelben Tagliolini und Schleienragout oder einem Hechtfilet in *saor* der Seeküche. Falsch machen kann man aber wenig: Der Koch Maurizio beherrscht beide Varianten meisterlich.

Unsere kleine lukullische Rundreise führt uns nun von Riva aus links um den See herum. In Torbole brauchen wir dabei nicht zwingend haltzumachen; wer dennoch hier essen will (und sei es nur, weil er es leid ist, den an Wochenenden obligatorischen Torbolestau auf der *Gardesana orientale* durchzustehen), sollte das im *La Terrazza* tun; das bietet neben einer akzeptablen Fischküche auch einen wunderschönen Blick auf den See.

Faustregel bleibt freilich: Die wirklich guten Restaurants findet man ganz selten direkt am Seeufer. Das gilt auch für die Trattoria *Vecchia Malcesine*; sie liegt am oberen südlichen Rand der Altstadt von Malcesine (aber noch vor der hier ausnahmsweise nicht direkt am Ufer entlanglaufenden *Gardesana*). Für den Seeblick ist dank der hohen Fenster des edel restaurierten Steinhauses trotzdem gesorgt, und er fällt hier, über die Dächer des alten Hafenortes hinweg, sogar besonders schön aus. In reizvollem Kontrast zu diesem Panorama stehen die betont modernen optischen Reize, die den Besuchern im Lokal selbst geboten werden. Und spätestens wenn das Essen auf edlen und obendrein von Gang zu Gang immer anderen Designertellern serviert wird, ahnt man, daß die schlichte Bezeichnung »Trattoria« hier eher ein kokettes Understatement darstellt.

Die Speisen selbst bestätigen diesen Verdacht – auf höchst erfreuliche Weise. Leandro Luppi, der Koch des *Vecchia Malcesine*, experimentiert mit Hingabe, aber meist auf der Basis der regionalen Küche. Herauskommen so ungewöhnliche, und ungewöhnlich gutgelungene Kombinationen wie die mit Kürbis, Zwiebeln und einer Zitronencreme angerichtete Forelle, die traumhafte Minestrone mit Scampi, der ein Rosmarinpesto den entscheidenden Pfiff verleiht, oder die mit Rotbarbenfilets und Parmesanbrocken gefüllte Polenta. Kurzum: Der Besuch hier gehört zu den Höhepunkten unserer kulinarischen Seerundreise. Wer sich vor dem Essen auf einem Spaziergang zur Scaligerburg und durchs abendliche Malcesine den nötigen Appetit holt, kann also die Aberdutzende von touristischen Abfüllstationen längs der mittelalterlichen Gassen beruhigt links und rechts liegen lassen. Daß man hier mittlerweile auch so gut essen kann wie im *Vecchia Malcesine*, grenzt nicht nur an ein kleines Wunder; es ist zugleich der Beleg für die sich am Gardasee anbahnende Wende von der Quantität zur Qualität.

Weiter seeabwärts wird die Lage etwas verwirrend, weniger gastronomisch als geographisch. Die Steilabhänge des Monte Baldo legen sich südlich von Malcesine etwas zurück, was eine fast ununterbrochene Bebauung der ufernahen Regionen längs der *Gardesana est* zur Folge hat. So leicht es deswegen ist, hier irgendein Restaurant zu finden, so schwer ist es mitunter, genau das zu finden, das man sucht. Die Schwierigkeit beginnt schon mit den Ortsnamen: Zwar reiht sich hier mehr als ein halbes Dutzend von Orten und Ortsteilen an- und übereinander, doch auf Karten mit nicht besonders genauen Maßstäben heißt alles, was zwischen Malcesine und Torri del Benaco liegt, oft nur pauschal Brenzone; auch auf den Ortsschildern entlang der *Gardesana* – gleich in welcher Richtung man sie befährt – taucht dieser Name verwirrenderweise immer wieder auf, bevor man den eigentlichen Ort Brenzone tatsächlich erreicht. Verwaltungstechnisch ist das zwar korrekt, weil Brenzone als Hauptgemeinde fungiert. Doch wen schert schon die regionale Verwaltungsorganisation, wen er auf der Suche nach der regionalen Küche ist?

Relativ einfach ist die Sache noch beim besten Fischrestaurant an diesem Seeabschnitt: Das *Giuly* liegt tatsächlich in Brenzone, genau gesagt: an der *via XX settembre*, die parallel zur *Gardesana* am See entlangführt. Der Koch Vittorio de Paulis beschränkt sich keineswegs auf einheimische Fische, sondern schöpft, in immer wechselnden Menüs, das gesamte Adria-Angebot aus. Besonders gut gelingen ihm dabei die Risotti und die Salate mit Meeresfrüchten; auch seine Riesengarnelen werden weitum geschätzt.

Gleichfalls auf Fisch, daneben aber – leider immer noch eine Seltenheit am Gardasee – auf die vegetarische Küche spezialisiert hat sich Roberto Brighenti in seinem hübschen, mit einer überbauten Seeterrasse ausgestatteten Ristorante *Alla Fassa*. Auch das steht offiziell in Brenzone – allerdings im Ortsteil Castelletto, und zwar, wenn man vom eigentlichen Brenzone her kommt, gleich hinter der (in diesem Fall gottlob korrekt beschilderten) Ortseinfahrt. Hier gilt die Aufmerksamkeit vor allem den frisch gefangenen Seefischen, die entweder stückweise oder – in diesem Fall kein Allerweltsgericht! – als *fritto misto* serviert werden.

Mit etwas Glück findet man im *Alla Fassa* auch den König der Gardaseefische auf der Tageskarte, den *carpione*. Auf deutsch heißt *carpione* Karpfen, weswegen nicht nur deutsche Gäste, auch manche italienischen Wirte (und sogar Reisehandbücher) den Gardasee-*carpione* als »Karpfen« ausgeben. Spätestens wenn der Fisch auf dem Teller daherkommt, erweist sich das jedoch als Irrtum. Weniger mißverständlich ist die andere Bezeichnung *salma carpio*; denn strenggenommen ist der *carpione* nur eine Lachsforelle, freilich eine von ziemlich ausgefallener Art: Daß der Fisch sich von auf dem Seegrund liegenden Gold ernähre, ist eine schöne alte Legende; wissenschaftlich erwiesen ist jedoch eine biologische Einzigartigkeit: Der Gardasee-*carpione* ist der einzige Fisch, der sich zweimal jährlich – zwischen Juli und August wie zur Jahreswende fortpflanzt. Und das wiederum erweitert die Schonzeiten und sorgt dafür, daß diese Delikatesse selten bleibt.

So oder so: Wer je vom zarten weißen Fleisch des *carpione* gekostet hat, will von einer anderen der mehr als 80 Lachsforellensorten nichts mehr wissen, nicht einmal von der auch im Gardasee – und zwar ziemlich häufig – vorkommenden gewöhnlichen Lachsforelle, der *trota salmonata*. Am besten kommt das Aroma das *carpione* zur Geltung, wenn man ihn ganz einfach dünstet. Neben dieser

Zubereitungsart (*sotto*) praktiziert Brighenti auch die spektakulärere Variante des *carpione alle brace*, bei der der sich langsam am Spieß drehende Fisch immer wieder mit einem in Olivenöl getauchten Rosmarinzweig bestrichen wird. Das fördert die Krustenbildung und verhindert das Austrocknen.

Man sieht: Leicht ist es nicht, sich durch das Fischgewimmel des Gardasee hindurchzufinden. Sich da vorher zu informieren und im Zweifelsfall hartnäckig in den Lokalen nachzufragen, lohnt sich auf alle Fälle, zumal wenn es um andere Seespezialitäten geht wie den kräftigen Hecht (*luccio*), dessen Filets vor allem als Vorspeise geschätzt werden, oder die Schleie, die vor allem am westlichen Seeufer und dann besonders gern im Ofen gebacken und mit feinen Kräutern gefüllt als *tinca ripiena* serviert wird. Ein besonders feiner Fisch ist der Flußbarsch, der *persico* – nicht nur, wenn die Köche ihn in köstlichen *risotti* verarbeiten.

Den obligatorischen Abendspaziergang vor oder nach dem Essen kann man natürlich entlang der Uferpromenaden von Brenzone oder Castelletto absolvieren. Dann allerdings hätte man die schönste Sehenswürdigkeit glatt versäumt: den alten, inmitten steil aufsteigender Olivengärten gelegenen Ortsteil von Castelletto: verwinkelte, oft überbaute Gassen und Gäßchen, uralte Steinhäuser – und weit und breit kein Souvenir- oder Wassersportladen, keine Boutique, keine Eisdiele. Man glaubt es kaum, und man hält unwillkürlich den Atem an: Hier oben, gerade mal 50 bis 100 Meter über dem betriebsamen Badeort und der lärmenden Durchgangsstraße, scheint die Zeit vor hundert Jahren stehengeblieben zu sein. Noch einen Schritt zurück, fast bis ins Mittelalter, führt einen der kurze Weg hinaus in die alten, bis heute bewirtschafteten Olivenhaine und ins verlassene Minidorf Biazza.

Am besten erreicht man diese unbeschreiblich friedliche Idylle von Castelletto aus über eine zu Beginn sehr steile Treppe, die bei der Klosterkirche am nördlichen Ortseingang (also praktisch gegenüber vom Ristorante *La Fassa*) ihren Anfang nimmt. Und man muß das Essen, das man sich beim Aufstieg redlich verdient, ja nicht unbedingt, oder nicht jedesmal, im unteren Ortsteil zu sich nehmen. Droben nämlich trifft man nach einigem Umhersteigen früher oder später auf die *piazza dell' Olivio*, den alten Dorfplatz, an dem sich gleich zwei Trattorien angesiedelt haben. Uns hat es die auf der Südseite des Platzes liegende *La Primeria del Sarsisa* mit ihrem schönen Innenhof besonders angetan. Versteht sich, daß in dieser Umgebung recht rustikal gekocht wird. Herzhafte Pastagerichte, eingelegte Gemüse und überbordende Speck-, Wurst- und Käseplatten bestimmen das Angebot, das nicht wenige Einheimische und mittlerweile auch immer mehr Touristen zu schätzen wissen.

Von unserer nächsten kulinarischen Adresse, dem Hotel *Gardesana* in Torri del Benaco, war schon im neunten Kapitel die Rede. Nachzutragen bleibt hier, daß man in dessen Restaurant nicht nur genußreich Kaffee trinken, sondern auch ausgezeichnet essen kann – einen traditionsgemäß mit Polenta servierten Hecht vom Grill in herzhafter Kräutersauce etwa, oder die wunderbaren Kartoffelgnocchi mit Muscheln und einem raffinierten roten Radicchiopesto.

Hinter Torri del Benaco darf der auf kulinarische Abenteuer erpichte Seerundreisende getrost erst mal Gas geben und durch das ausschließlich von italienischer Allerweltsküche beherrschte Garda ohne Stopp hindurchrauschen – hier läßt die touristische Wende vorläufig noch auf sich warten. Im großen und ganzen ist das leider auch im nächsten Lieblingsort deutscher Gardasee-Urlauber so, in Bardolino. Doch hier, in dem für den Weinbau auf den Hügeln ringsum (weniger allerdings lange Zeit für die Qualität dieser Weine) berühmten Städtchen, gibt es immerhin einen erwähnenswerten Lichtblick: den *Giardino delle Esperidi*.

Wie sollte es in dieser Umgebung anders sein: Es handelt sich da um ein Weinlokal, eine *enoteca* also. Normalerweise hat eine *enoteca* keine warme Küche, und wenn doch, ist sie keine wirkliche *enoteca*. Eine Ausnahme von dieser Regel stellt gottlob der *Giardino delle Esperidi* dar: Zu ausgesuchten Weinen der Region wird eine überschaubare Anzahl von Gerichten gereicht, wobei die Zahl drei eine entscheidende Rolle spielt: Es gibt jeweils drei *primi* (zum Beispiel lauwarmer Spargelsalat) und drei *secondi* (Spieß von Seefischen mit grünen Tomaten), die von den drei Inhabern des Lokals in dreiwöchigem Turnus gewechselt werden. Was bedeutet, daß man mindestens sechs Wochen und einen Tag in Bardolino bleiben müßte, um die Variationsbreite dieses Hesperidengartens kennenzulernen...

Gut ertragen ließen sich diese Wochen auch deshalb, weil unter den Winzern der Umgebung von Bardolino – wie überall am Gardasee – mittlerweile die Einsicht gewachsen ist, daß sich die Weinmacherei nicht in schierer Massenproduktion erschöpfen muß. Ein sehr schönes Beispiel für einen gehaltvollen, wunderbar nach Kirschen und Beeren duftenden Bardolino ist der *classico superiore* von der *Azienda la Tende*, nach dem man hier oder in anderen Weinhandlungen am Gardasee unbedingt fragen sollte.

Ähnlich verhält es sich mit dem *Valpolicella*: Auch dessen lange ramponierter Ruf wurde in den letzten Jahren vor allem durch den Einsatz junger Winzer wieder deutlich aufpoliert. Wer gutes Geld ausgeben will, um sich davon zu überzeugen, wie sensationell dieser Rotwein schmecken kann, sollte sich nach einem Superiore aus dem Keller des Winzers Romano dal Forno umschauen; einen weniger kostspieligen, doch sehr runden und harmonischen Valpolicella stellt auch die *Azienda Quintarelli* her. (Nebenbei gesagt: Die Winzerbetriebe, die wir hier nennen, sollen lediglich Anhaltspunkte geben und keinesfalls die eigene Forschung ersetzen!)

Zur Valpolicellafamilie zählen auch zwei nicht ganz billige, aber mit Recht ruhmreiche Valpolicella-Spezialitäten: der kraftvolle, aus zu Rosinen getrockneten Trauben gewonnene *Amarone* und der ebenfalls aus gepreßten Trauben gemachte Süßwein *Recioto*. Vom *Amarone* schwören Einheimische und die Wagemutigen unter den durchreisenden Gourmets, er passe am besten zu einer besonderen kulinarischen Spezialität des Gardasees, dem geschmorten Pferdefleisch. Nachprüfen läßt sich das im Ristorante *Il Porticciolo* in Lazise, das genau dafür berühmt ist. Und von wegen, Pferdefleisch fällt in die Kategorie niedere Volksküche: Das kleine feine *Porticciolo* liegt genau am Jachthafen von Lazise, was sich durchaus auf die Preise niederschlägt. Der Besuch lohnt sich dennoch, der Koch Renato Azzi bietet Gardaseeküche sozusagen in veredelter Hausfrauenart, und es muß ja nicht das Pferdefilet sein. Besonders gut geschmeckt hat uns hier der *risotto con la tinca* (ein Schleienrisotto). Dazu einen *Amarone* oder auch nur einen *rosso superiore* zu trinken, wäre allerdings barbarisch – Rotweine, und solch gehaltvolle zumal, würden dem feinen Aroma dieses und anderer Fischgerichte hoffnungslos den Garaus machen.

Weißwein ist also gefragt. Da trifft es sich gut, daß wir hier, am Südende des Gardasees, unsere Seerundreise für einen kleinen Abstecher nach Verona unterbrechen – und daß der kurze Weg dahin uns zunächst durch jenes Gebiet führt, in dem die besten Weißweine der Region gedeihen: das von den Endmoränen des Gardaseegletschers gebildete Hügelland im Süden des Sees.

12. Ohne Julia oder Durch die Weinberge nach Verona

Gerade mal 23 Luftlinien- oder 28 fast durchgehend über die Autobahn verlaufende Straßenkilometer liegen zwischen Verona und dem Südende des Gardasees. Es versteht sich, daß die Veronesen unter diesen Umständen den unteren Seebereich als quasi stadteigenes Naherholungsgelände betrachten. Dennoch ist die Beziehung zwischen Stadt und See eine ziemlich einseitige Angelegenheit geblieben: So sehr der vor allem am Wochenende boomende städtische Ausflugs- und Badebetrieb ihrer Fremdenverkehrswirtschaft zupaß kommt, so wenig wollen die Seegemeinden und ihre Einwohner ansonsten von Verona wissen. Zum Status einer auch nur heimlichen Hauptstadt des Gardasees hat es Verona also niemals gebracht, im Gegenteil: Das urbane Flair der Großstadt Verona, die in den Außenbezirken von Industrie und Kommerzzentren und im Zentrum von der reichen architektonischen Hinterlassenschaft zweier Jahrtausende geprägt ist, und das im wesentlichen von kleinen und kleinsten lokalen Strukturen bestimmte Gardaseeufer sind zwei getrennte Welten geblieben.

Anders als die Einheimischen haben deren Gäste, die Touristen, allerdings oft auch Verona im Sinn, oder wenigstens im Hinterkopf, wenn sie sich am Gardasee aufhalten. Das hat zum einen einen schlicht meteorologischen Grund: So südlich angenehm das Seeklima auch ist – vor einigen Schlechtwettertagen, die sich schlimmstenfalls auch einmal zur langen Regenwoche ausweiten können, ist man so nah am Gebirge nicht einmal im Hochsommer gefeit. Dann bieten die umliegenden Städte die willkommene Gelegenheit, der Tristesse eines verregneten Seetags zu entkommen und aus der Not eine Tugend zu machen, indem man den privaten Horizont erweitert. Sehr weit hat man's ja nicht zu den urbanen Zentren im Umland. Trient und das ganz zu Unrecht von vielen links liegengelassene Rovereto mit seinem lebendigen Zentrum und seiner sehr sehenswerten historischen Oberstadt im Nordosten des Sees, Mantua im Süden und Padua im Südosten, Brescia im Südwesten – sie alle sind in einer knappen oder einer guten Autostunde leicht zu erreichen. An allererster Stelle ist es aber natürlich das prominente Verona mit den Attraktionen seiner historischen Altstadt, das sehr viele Gardaseereisende schon zu Hause als Nebenziel einplanen.

Den zweiten, für nicht wenige sogar den wichtigsten Grund für einen Abstecher nach Verona liefert natürlich seine Arena, genauer gesagt, die darin alljährlich von Mitte Juni bis Ende August stattfindenden Opernfestspiele. Deutsche Opernfans, die gern auf Nummer Sicher gehen, pflegen ihre Eintrittskarten für die Arena oft Monate vor dem Urlaub zu kaufen beziehungsweise vorzubestellen. Unbedingt nötig ist das nicht; schließlich werden pro Aufführung 15 000 Zuschauer eingelassen. (Daß es nicht noch mehr sind, hat sicherheitstechnische Gründe; in Wahrheit bietet die Arena di Verona Platz für fast 30 000.) Nach unserer Erfahrung gibt es für praktisch alle Festspielaufführungen – bis auf die ohnehin früh ausgebuchten Premieren – noch an der Abendkasse Tickets, die zudem erheblich billiger sind als die im Vorverkauf erworbenen. Das gilt sogar für die numerierten »Parkettplätze« auf den vor der Bühne aufgestellten Stuhlreihen. Dort ist man dem Bühnengeschehen zwar optisch näher, aber ein Vorteil ist das nicht unbedingt: Zum einen sind die meist ziemlich pompösen Bühnenbilder, die drastischen Kostüme und die legendären Massenauftritte von Chören und Statisten der Arena-Opern eher auf Fernwirkung hin kalkuliert; zum anderen bergen die extremen Dimensionen der Bühne besondere akustische Tücken: Es kommt vor, daß sich zwischen Sängern und Orchester Distanzen von an die 100 Meter auftun, weswegen Töne, die eigentlich gleichzeitig erklingen sollten, infolge kleiner, aber durchaus hörbarer Verzögerungen, voneinander getrennt beim Hörer ankommen.

In weiterer Entfernung, auf den Steinstufen der Arena-Ränge, macht das nicht soviel aus: Hier verschwimmt ohnehin alles zu einem zwar gewöhnungsbedürftigen, aber auf seine Art durchaus reizvollen Mischklang – dem typischen Verona-Sound eben. Vor allem aber lernt man nur dort droben auf den Rängen das kennen, was den Besuch einer Arena-Oper zum einzigartigen Erlebnis macht: die Mixtur aus allabendlichem Volksfest (inklusive Familienpicknick aus mitgebrachten Freßkörben oder Kühltaschen) und Kult-Event. Und keine Angst: Sobald der Dirigent den Taktstock zur Ouvertüre hebt, werden nicht nur die zahlreichen fliegenden Eis- und Getränkeverkäufer, sondern auch die bis dahin unbekümmert und lautstark miteinander kommunizierenden Zuschauer wunderbarerweise mucksmäuschenstill.

Die allerbesten Plätze in der Arena sind übrigens zugleich die am weitesten von der Bühne entfernten, nämlich die auf den obersten Steinstufen (Kissen und Decken mitnehmen!), von denen aus man nicht nur einen schönen Überblick über das gesamte Innere der Arena selbst genießt, sondern zugleich eine ausgezeichnete Aussicht auf die Türme und Dächer der umliegenden Stadt.

Der zweite Vorteil des Kartendirektkaufs ist ein psychologischer: Wer seine Tickets schon in der Tasche hat, neigt dazu, sich erst relativ spät und dann natürlich auf den kürzesten Weg nach Verona zu machen. Auf diese Weise aber gerät er nicht nur in die Gefahr, in die um und in Verona regelmäßig mit dem Ende der Siesta, also gegen halb fünf Uhr nachmittags, einsetzenden Verkehrsstaus zu geraten, sondern er verpaßt auch das womöglich Beste an so einem Verona-Abstecher: die Reize der von Weinbergen, Zypressenwäldern, Burgen und zahlreichen alten Städtchen und Dörfern geprägten Hügellandschaft südlich des Gardasees, die eine kleine Welt für sich darstellt. Und um die kennenzulernen, sollte man ein paar Umwege auf der Fahrt nach Verona nicht nur in Kauf nehmen, sondern sie sogar einplanen.

Geographisch gegliedert wird diese Miniregion durch den Mincio, den einzigen Wasserabfluß des Sees. Weißweintrauben werden zu beiden Seiten des Mincio angebaut – im Osten, also vom See aus gesehen links vom Mincio, der *Bianco di Custoza*, im Westen des Mincio dagegen der *Lugana*. Bricht man vom westlichen Seeufer aus über

Desenzano nach Verona auf, sollte man die Route über die sanft hügelige *Lugana*-Gegend unbedingt der langweiligen Autobahnfahrt vorziehen.

Für die, die vom Ostufer her kommen, erfordert der kleine Ausflug in die Lugana dagegen schon einen etwas längeren Umweg. Doch auch der lohnt sich, nicht nur wegen des Überraschungseffekts beim ebenso eindrucksvollen wie hochabsurden Anblick von Pozzolengo: Inmitten einer friedvoll-idyllischen Felder- und Weingärtenlandschaft taucht da plötzlich eine mit überdimensionalen Mauern und Türmen versehene Bergfestung vor einem auf. Beim Außenanblick kann man es dabei getrost belassen: Die gigantischen Mauern verbergen nicht mehr als ein harmloses Allerweltsdorf.

Anders das ganz in der Nähe gelegene *Castellaro Lagusello*. Auch hier findet sich eine gewaltige Festungsanlage, die in krassem Mißverhältnis zu den wenigen von ihr geschützten Bauernhäusern steht, die sich in diesem Fall freilich zu einer fast toskanisch anmutenden Dorfkulisse gruppieren. Das Allerbeste an *Castellaro* ist freilich die links vor dem alten Stadttor gelegene Trattoria *La Dispensa*: ein kulinarischer Geheimtip, den wir hier nur deshalb – und auch das schwersten Herzens! – öffentlich machen, weil wir uns fest darauf verlassen, daß der überwiegende Teil unserer Leser im Ernstfall dann doch zu bequem ist, die von uns vorgeschlagenen Umwege in Kauf zu nehmen. Jedenfalls würden wir es uns nie verzeihen, wenn diese reizende Dorfgaststätte ihren jetzigen Charme verlöre, der auf der Kombination von unaufwendig schlichtem Ambiente und unnachahmlichem Fingerspitzengefühl bei der Bewahrung und Belebung ländlicher Küchentraditionen beruht. So simple Antipasti wie zartgeräucherte Sardellenfilets auf Kartoffelmus oder Speck mit Feigen geraten hier zur kulinarischen Offenbarung; das gleiche gilt für die mit Kürbis gefüllten Tortellini, die zarten Kalbslenden oder die Entenbrust.

Die hervorragenden Risotti wie die wechselnden Fischgerichte, aber auch die hinreißende Käseauswahl der *Trattoria La Dispensa* bieten einem zugleich die hervorragende Gelegenheit, den wichtigsten Wein dieser Gegend zu probieren, den strohgelben bis hellgrünen und im Idealfall sehr trockenen *Lugana*, aus dem auch ein vorzüglicher *spumante*, also ein Schaumwein, hergestellt wird. Und natürlich läßt sich dieser Wein hier auch kaufen, ebenso wie der Käse und eine Reihe hervorragender selbsteingemachter Marmeladen – schließlich hat sich der Betrieb dieser Trattoria aus einem schlichten Lebensmittelladen heraus entwickelt.

So gestärkt kann man sich nun getrost auf den Weiterweg machen. Wobei das mit dem »gestärkt« keine bloße Floskel ist: Zumindest für die Besichtigung des berühmten Beinhauses der Kirche *San Pietro* bei Solferino tut innere Stärke durchaus not: Im düsteren Kirchenlicht türmen sich da hinter Gittern Abertausende von Totenschädeln und anderen Gerippeteilen. Wo diese schauerlichen menschlichen Überreste herkommen, verrät einem der die liebliche Hügellandschaft weit überragende Turm von *San Martino della Battaglia*. Dieses monumentale und, wie in solchen Fällen üblich, monumental häßliche Denkmal erinnert an die große Schlacht von Solferino vom 24. Juni 1859, die eigentlich aus zwei getrennten Schlachten bestand: In der einen, direkt bei Solferino, schlugen Soldaten des französischen Kaisers Napoleon III. eine Hälfte der von dieser Gegend aus bis dahin ganz Oberitalien beherrschenden österreichischen Armee; in der anderen, eben bei *San Martino*, wurde die andere Hälfte der Österreicher von italienischen Truppen besiegt, die zwar unter französischem Oberbefehl kämpften, aber damit zugleich einen entscheidenden Grundstein für die Einigung Italiens und seine staatliche Unabhängigkeit legten.

Der Preis dafür war freilich entsetzlich hoch: Am Ende lagen mehr als 25 000 Tote und Sterbende auf den Wiesen und Feldern dieser heute so friedvoll wirkenden Gegend, um deren Betreuung sich dann tagelang kein Mensch kümmerte – bis auf einen: den Schweizer Henri Dunant, der sich unter dem Eindruck der Nachwirkungen jener Schlacht daranmachte, die bis heute mächtigste Hilfsorganisation der Welt zu gründen, das Rote Kreuz.

Die große, richtiger gesagt: die schreckliche militärische Vergangenheit der Landschaft südlich des Gardasees verfolgt einen aber auch in deren Osten, auf der anderen Seite des Mincio auf Schritt und Tritt. Das liegt daran, daß nicht nur die *Lugana*-Weinberge, sondern auch die, auf denen der *Bianco di Custoza* produziert wird, im Inneren eines riesigen Festungsvierecks liegen, in dem die Österreicher zwischen 1815 und 1859 ihre Truppen versammelten und von dem aus sie immer wieder auf lombardisches wie venetisches Gebiet vorstießen. Kein Wunder, daß sich auch hier eine Reihe von Gedenk- und Schädelstätten findet; die bekannteste ist das mit einem hochaufragenden Obelisken gekrönte Ossarium (»Knochenhaus«) in Custoza selbst.

Hierher fährt man, gleich ob man von der Lugana oder direkt von Peschiera her kommt, am besten über das Flußstädtchen Borghetto mit dem höchst imposanten *Ponte Visconteo*, weniger eine Brücke als ein über das gesamte

Bett des Mincio hinweg führender, an beiden Ufern jeweils von einem mächtigen Festungsturm bewehrter Steindamm. Wieder fasziniert einen der Kontrast zwischen kühner Festungsarchitektur und stiller grüner Landschaft ringsum, und das nicht nur beim Blick auf den *Ponte Visconteo*, sondern auch auf die von hier aus bereits sichtbare Scaligerburg des etwas östlich davon gelegenen *Valeggio sul Mincio*. Ein Aufenthalt hier lohnt sich nicht nur wegen der zahlreichen Restaurants und Weinprobierstuben, sondern auch wegen des sich vom Stadtrand aus weit ins Land hinein erstreckenden *Parco Giardino Sigurtà*, dem mit Abstand schönsten Englischen Garten ganz Italiens.

Von Valeggio sind es nur ein paar Kilometer (Richtung Verona – da wollen wir ja immer noch hin) bis nach *Custoza*. Dort interessiert uns freilich weniger das erwähnte Beinhaus als vielmehr die unmittelbar in dessen Nähe (in der *via ossario* 2) gelegene *Trattoria Colli Storici*, in der nicht nur so herz- wie schmackhaft gekocht wird (besonders empfehlenswert die Pastagerichte mit diversen Wild- und Geflügelsaucen), sondern in der wir uns auch näher mit den Weinen der Region beschäftigen können, dem weißen, leicht aromatischen *Bianco di Custoza* mit seinem reizvollen leicht bitteren Nachgeschmack, oder dem aus der Nachbargegend kommenden *Valpolicella*.

Wie die Trauben des jenseits des Mincio kultivierten *Lugana* werden übrigens auch die des *Bianco di Custoza* zu einem sektartigen *spumante* verarbeitet. Und in dem finden der Wein und die Kriegsgeschichte, die beiden beherrschenden Themen unserer kleinen Spazierfahrt durchs Hügelland im Süden des Gardasees, auf sonderbare Weise zusammen: Die *cantina sociale*, also die Genossenschaftskellerei von *Custoza*, offeriert jenen *spumante* unter der

Bezeichnung *Cuvée Radetzky*. Bedenkt man, daß die Beinhäuser und Denkmäler in und um Custoza von einem aus italienischer Sicht sehr viel weniger ruhmreichen Ereignis künden (der österreichische Feldmarschall Radetzky ließ die aufständischen italienischen Truppen im Juli 1848 bei Custoza erbarmungslos niederkartätschen), kommt einem diese Bezeichnung überraschend wenig lokalpatriotisch, ja geradezu absurd vor. Indessen, der wahre Lokalpatriotismus sitzt halt im Geldbeutel: An die 90 Prozent der Sektkäufer in Custoza sind deutsche Touristen, und deutsche Touristen stehen nun einmal auf den Radetzkymarsch...

Wir wenden uns nun lieber anderen musikalischen Genüssen zu und steuern über das mittelalterliche Villafranca – und anschließend, fürs letzte Stück nun doch über die Autobahn – direkt auf die Arena von Verona zu.

Apropos Arena: Kaum ein Reisender weiß, daß die weltberühmte römische Arena di Verona nicht die einzige Arena in Verona ist, und schon gar nicht die älteste. Die heutige Opernarena entstand erst Ende des dritten Jahrhunderts; doch gleich, nachdem Veronas Bürger unter Julius Cäsar das römische Bürgerrecht erhalten hatten, begannen sie mit dem Bau ihres ersten Theaters. Dieses *Teatro Romano* liegt nicht im heutigen Zentrum, sondern etwas nördlich davon auf den Abhängen des linken Etschufers. Nachdem die neue und größere Arena fertiggestellt war, verfiel das *Teatro Romano* allmählich und wurde schließlich, wie viele altrömische Gebäude, vom Ende der Antike an als eine Art Steinbruch genützt, aus dem die Leute sich das Material für Neubauten beschafften. Trotzdem ist ein beträchtlicher Teil dieser ersten Veroneser Arena bis heute erhalten geblieben.

Doch nicht nur diese eindrucksvolle (und dennoch vom

touristischen Massenandrang weitgehend verschont bleibende) Ruine selbst, auch der wunderbare Blick, den man von hier aus auf das dem Betrachter direkt zu Füßen liegende mittelalterliche Zentrum von Verona (inklusive der großen Arena) hat, empfehlen das *Teatro Romano* als möglichst erstes Anlaufziel für alle, die vor oder nach dem Opernspektakel auch diese erste wirklich italienische Großstadt jenseits der Alpen zumindest ein wenig kennenlernen wollen. Und sogar denen, die partout auf Spektakel und nur auf Spektakel versessen sind, hat das *Teatro Romano* etwas zu bieten: Auch hier oben finden nämlich alljährlich Sommerfestspiele statt, nicht mit großen Opern zwar, aber mit Gastspielen internationaler Tanzensembles, die den hauptsächlich als Lückenfüller zwischen den Opernabenden dienenden Ballettabenden in der großen Arena künstlerisch locker den Rang ablaufen, mit Auftritten prominenter europäischer und amerikanischer Jazzensembles, und mit den Aufführungen des vor allem den Werken Shakespeares gewidmeten Veroneser Theatersommers.

Warum da Shakespeare im Mittelpunkt steht, muß man keinem erklären. Nichts hat, lange vor und neben den Opernfestspielen, die Stadt so populär gemacht wie Shakespeares Liebestragödie »Romeo und Julia«. Daß es sich bei dieser Geschichte um eine reine, durch keine historische Realität, ja nicht einmal durch eine lokale Legende gestützte literarische Fiktion handelt, tut dabei nichts zur Sache. So gesehen ist die Verknüpfung Veronas mit Romeo und Julia einer der schönsten Beweise für die Macht der Literatur: Es genügte völlig, daß Shakespeare aufs Geratewohl behauptete, sein Stück spiele in Verona, und daß er sich aus der »Göttlichen Komödie« des während der Zeit seiner Verbannung aus Florenz in Verona lebenden Dante

Alighieri die Namen der beiden in die Tragödie verstrickten Familien – Capuletti und Montecci – entlieh, aus denen bei ihm Capulet und Montague werden.

Wo es also weder den berühmten Romeo noch seine Julia gab, kann es auch keinen »Balkon der Julia« geben. Was aber Hunderttausende von Touristen pro Jahr nicht davon abhält, im Innenhof eines an der *via Capuleti* gelegenen Stadthauses ehrfürchtig eben jenen Balkon zu besichtigen. Nicht nur Veronas Stadtoberhäupter wissen eben: Die Leute sehen am liebsten nicht das, was sie tatsächlich sehen können, sondern was sie sehen wollen. Und so ließ ein findiger Stadtrestaurierer zu Anfang des 20. Jahrhunderts den Balkon nachträglich an der mittelalterlichen Hausfassade anbringen. Die makaber-witzige, wenn auch weithin unbekannte und gar nicht beabsichtigte Pointe dabei: Was nun als »Balkon der Julia« bestaunt wird, war einmal ein im Depot des Stadtmuseums nutzlos herumstehender Steinsarg – und eben ein Sarg wird ja bei Shakespeare zur letzten Behausung seines fiktiven Liebespaares.

Nur ein paar Schritte vom angeblichen Julia-Haus entfernt liegt eine andere populäre touristische Attraktion Veronas, die *piazza erbe*. Die gibt es wirklich, und trotzdem trifft man auch hier mittlerweile auf mehr Schein als Sein. Ja, noch schlimmer: Nicht einmal vom äußeren Schein des pittoresken Gemüsemarkts, dem die *piazza erbe* ihren Ruf verdankt, ist heute viel übriggeblieben. Statt dessen haben sich hier, unter unansehnlichen Plastikplanen, vor allem Souvenir- und Billigtextilhändler ausgebreitet. So bekommt man, wenn auch ungewollt, zumindest eine Ahnung, daß Verona mehr ist als seine hübsche Altstadt mit ihren vielen Sehenswürdigkeiten wie den romanischen und gotischen Kirchen oder der famosen Scaligerburg und der von ihr aus über die Etsch führenden Brücke, mehr auch als das mondäne Einkaufszentrum zwischen *piazza erbe*, *via Cavour*, *via Roma* und der hinter der Arena liegenden *piazza Brà*.

Arena und Tourismus – das ist nur ein Teil des Alltags von Verona, und für die allermeisten seiner Bewohner keineswegs der wichtigste. Die Wahrheit über deren wirkliches Leben erführe man ein paar Steinwürfe weit jenseits der prächtigen mittelalterlichen Stadttore, in den zahlreichen, keineswegs durchweg dekorativen Außenbezirken dieser von mehr als einer Viertel Million Menschen bewohnten Stadt. Viele von ihnen sind ungeliebte und schlecht bis gar nicht betreute Immigranten, aus Osteuropa, aus Afrika oder – was in den Augen vieler von der Egomanenpartei *Lega Nord* und ihren faschistischen Verbündeten aufgehetzten Veroneser das Schlimmste ist, aus dem ärmeren Süden Italiens. Auch sie trifft man an den Billigständen auf der *piazza erbe*, als Verkäufer, aber, darauf kann man in den meisten Fällen Gift nehmen wie die famose Julia, ganz bestimmt nicht als die eigentlichen Nutznießer dieses großen Touristennepps vor malerischer Kulisse.

Auch insoweit also bringt einen der Abstecher vom Gardasee nach Verona mit der italienischen Realität in Kontakt. Womit wir aber, es ist ja nur ein Abstecher, niemandem die Ferienlaune vermiesen wollen. Welchen Charme, ja welchen Zauber nicht nur die von mittelalterlichen Häusern und Stadtpalästen umstandene *piazza erbe*, die großzügige *piazza Brà*, ja die ganze Altstadt ausstrahlen können, bemerkt man am besten abends, wenn die meisten Händler ihre Buden dichtgemacht haben, die meisten Touristen schon in der Arena sitzen und statt dessen die Einheimischen beim abendlichen *corso* auf der *via Mazzini*, der *via Cappello* oder der *via Leoni* unterwegs sind: Die richtige Zeit auch für ein Glas Soave oder einen späten Aperitif in einem der vielen Cafés hier, sondern auch – sofern man nicht längst selbst in der Arena sitzt oder, was nicht verkehrt wäre, für den Abstecher nach Verona zwei Tage statt nur eines einzigen eingeplant hat – zu einem guten Abendessen.

Gourmets sollten dabei wissen: Das mit Abstand beste Restaurant der Stadt – und obendrein eines der besten Italiens – ist längst nicht mehr das lange (und am längsten in deutschen Reiseführern) als solches geltende *Santissimi Apostoli*, sondern das *Il Desco*; das elegant eingerichtete Lokal befindet sich zwischen *via Cappello* und Etsch in einem alten Klostergebäude an der *via dietro San Sebastiano*. Elia Rizzo in der Küche und seine Frau Anna verwöhnen einen hier mit Hummer und Petersilien- oder Selleriepüree, mit Kürbiscannelloni in einem Tomaten-Salami-Sugo, geschmorter Rinderlende mit glasierten Zwiebeln und Spinat und anderen Delikatessen. Billig ist das keineswegs, schon gar nicht für italienische Verhältnisse; daß man aber nach einem wunderbaren Abend im *Il Desco* womöglich dennoch weniger bezahlt als bei vielen deutschen Edelitalienern, hat vor allem mit den hier wesentlich günstigeren Preisen für Flaschenweine zu tun, die man übrigens im Kellergewölbe der Familie Rizzo auch gesondert verkosten kann. Regionale Trümpfe sind hier natürlich die besten Gewächse aus den nahe gelegenen Anbaugebieten Valpolicella und Soave.

Doch auch wer's weniger erlesen braucht oder mag, ist in Verona nicht auf eine der vor allem im nächsten Umkreis der Arena angesiedelten Touristenabfütterungsstationen angewiesen. Daß dabei keineswegs alles schlecht oder teuer oder gar beides sein muß, was sich in allernächster Arena-Nähe befindet, beweist zum Beispiel die durchaus bodenständige Trattoria *Tre Marchetti* an der gleichnamigen Gasse zwischen der *via Mazzini* und der *via Anfiteatro*. Sehr viel weiter von der Arena und vom Arenarummel entfernt, nämlich unmittelbar bei *San Zeno Maggiore*, liegt eine andere, gleichfalls auf die herzhafte Veroneser Regionalküche spezialisierte Trattoria, das *Al Calmiere*. Die gotische Kirche *San Zeno* ist nicht nur die mit Abstand schönste Veronas, sondern auch außen wie innen eine der schönsten in ganz Italien. Ein Banause, wer sich die nicht genauer angesehen hat, bevor er sich im *Al Calmiere* der Polenta mit Räucherhecht (*con luccio*), den mit drei Saucen servierten *Bigoli al torchio* (das sind aus einem Teig aus Mehl, Butter, Milch und Eiern handgemachte Nudeln, die wie dicke Spaghetti aussehen) oder dem hervorragenden *bollito misto* zuwendet.

Zu vernünftigen Preisen gut essen und dabei die entspannte Atmosphäre der vom Touristenstrom weitgehend unberührten *piazza* Broilo genießen kann man schließlich auch im *La Torretta*; das sympathische Ristorante liegt an der Etschbrücke *Ponte Pietra*, und damit gegenüber dem alten *Teatro Romano*: Wer dort trotz unserer Empfehlung nicht am Anfang seines Verona-Besuchs war, kann das Versäumte nun bei einem kleinen Verdauungsspaziergang nachholen. Damit schließt sich der Kreis hier in Verona – höchste Zeit, um endlich auch den größeren Kreis unserer Genießerfahrt rund um den Gardasee zu vollenden.

13. Finale
oder Wo liegt eigentlich das Ende des Gardasees?

Endlich zurück am See! Dieses Gefühl der Heimkehr – es übermannt sogar den schreibend von Verona an den Gardasee zurückkehrenden Autor – kennt jeder, der seine private Seeidylle für ein, zwei Tage verlassen hat, um Verona oder einer der anderen Städte ringsum einen Besuch abzustatten, und nun wieder am See anlangt: Plötzlich bemerkt man, wie vertraut einem hier bereits alles ist, wie sehr man sich daran gewöhnt hat.

Daß dieses Heimatgefühl sich am Gardasee oft schon nach ein paar Tagen Aufenthalt einstellt, liegt natürlich nicht nur am Zauber dieser Landschaft, sondern auch an ihrer Kleinräumigkeit und Überschaubarkeit: So leicht es fällt, sich an einem solchen Urlaubsort auszukennen, so leicht verliert man sein Herz an ihn. An die wirkliche Heimfahrt aber, zurück in den deutschen oder österreichischen oder Schweizer Alltag, an den endgültigen Abschied vom See, mag man in diesem Moment am allerwenigsten denken. Eben deswegen sollte man das auch nicht tun, sondern sich statt dessen mit um so größerer Verve daran machen, auch die einem selbst noch unbekannten Vorzüge des Gardasees und seiner Ufer für sich zu entdecken, immer nach der Devise: Mehr macht Lust auf noch mehr!

Wir haben den See auf unserer kulinarischen Rundreise am Ende seines Ostufers bei Lazise verlassen und kehren nun – damit wir nichts versäumen – an seine südöstliche Ecke zurück, nach Peschiera di Garda. Das allerdings nur, um rasch festzustellen, daß es in dem kleinen Städtchen an der »Mündung« (genauer, aber scheußlicher wäre: am Ausfluß) des Mincio nicht so arg viel zu versäumen gibt, nicht in kulinarischer Hinsicht jedenfalls, und auch nicht, was wirkliche Sehenswürdigkeiten angeht. Es sei denn, man interessiert sich brennend für die Kunst des Festungsbaus: Das mächtige alte Kastell ist, wir haben das im letzten Kapitel beschrieben, Teil des Festungsvierecks, aus dem heraus die österreichischen Truppen Italien bis in die Mitte des 19. Jahrhunderts hinein in Unfreiheit hielten. Doch Peschieras Tradition als Militärstützpunkt reicht noch viel weiter zurück: Schon die Römer unterhielten hier ein großes Fort, und im hohen Mittelalter erbauten die Herren von Verona, die Scaliger, eine Burg, die, mehrfach zerstört und wiederaufgebaut, dann den noch heute erkennbaren Kern der österreichischen Festungsanlage bildete.

Soviel kriegerische Architektur an einem so freundlichen Platz wie dem zwischen grünen Hügel und Seeufer liegenden Peschiera – dieser Gegensatz ist schon Dante Alighieri aufgefallen: »Peschiera liegt, das schöne starke Fort, am tiefsten Punkt des Ufers, wo die Wasser aus des Benaco übervollem Becken durch grünes Weideland abfließen müssen.« Freilich, als »stillen kleinen Ort«, den der deutsche Reiseschriftsteller Kasimir Edschmid 1953, also kurz vor dem Heranfluten der ersten deutschen Massenurlauber-Welle hier antraf, kann man das heutige Peschiera bei bestem Willen nicht mehr bezeichnen. Vom frühen Sommer bis in den Herbst dominieren vor allem die Gäste aus den vielen umliegenden Campingplätzen und Feriensiedlungen das Ortszentrum. Wer dennoch hier einkehren möchte, weicht dem Trubel am besten im netten und mit einer reellen Fischküche aufwartenden Gartenlokal *Bellavista* aus. Dem größten Handicap Peschieras aber entkommt man auch hier nicht: Mitten durch den Ort (und direkt am *Bellavista* vorbei) verläuft die hier am Südende vom frühen Vormittag bis in die späten Nachtstunden befahrene Seeuferstraße.

Auf eben dieser kehren wir Peschiera nun den Rücken und erreichen bald Sirmione. Über dessen meist oktoberfestvolle Altstadt und die angeblichen Thermen des Catull haben wir im neunten Kapitel eher schlechte Nachrichten verbreitet. Hier nun zwei gute: Am späten Abend leert sich selbst Sirmione; dann strahlt das historische Zentrum dieser Ministadt tatsächlich jenen Zauber aus, den ihm alle Reiseführer bescheinigen. Und, das beste daran: Selbst wenn man an sommerlichen Wochenenden fast bis Mitternacht auf diesen magischen Moment warten muß, so läßt sich diese Zeit doch aufs angenehmste überbrücken. Natürlich, mit einem wunderbaren Abendessen. Dafür bietet sich in Sirmione – auch wenn man es angesichts der Dominanz des Massentourismus nicht erwartet – gleich eine ganze Reihe von Gelegenheiten: so das mittlerweile berühmte und ziemlich edle *Signori*, untergebracht im *Hotel Flaminia* an der gleichnamigen Piazza oder, nicht weit davon, das wesentlich preisgünstigere *Al Torcol* (in der *via*

San Salvatore): Das sieht nicht nur wie eine echte Osteria aus, hier wird auch osteriamäßig rustikal gekocht; und weil eine Weinhandlung angeschlossen ist, kann man die vielen im Hinterland gedeihenden Weine auch glasweise bestellen und verkosten.

Unser Favorit in Sirmione aber ist das am alten Scaligerkastell gelegene *La Rucola*. Früher war das einmal eine ordinäre Pizzeria; mittlerweile haben Gionata Bignotti und seine Frau Elena ein großzügig modern eingerichtetes Lokal daraus gemacht, in dessen Küche erfreulich viel Phantasie waltet. Nachprüfen läßt sich das an den Pastagerichten (zum Beispiel den Safrantagliolini mit Entenleber und Ricotta) ebenso wie an den Fischgerichten (etwa den in einer Ei-Kräutermischung panierten Rotbarbenfilets mit Zitronenmayonnaise). Eine Spezialität des Hauses, die man keinesfalls versäumen sollte, ist der Spieß mit Robiola (ein Frischkäse aus Kuh- und Ziegenmilch) und Birnen, rotem Zwiebelpüree und Sternanis. Üppig ist dabei nur der Einfallsreichtum, nicht aber die Kalorienmenge, weshalb man sich zum Schluß getrost noch Elenas heiße Schokolade mit Zimteis schmecken lassen kann.

Von der allerkleinsten geht's nun in die mit Abstand größte Stadt am See: nach Desenzano. Im Vergleich zu allen anderen Uferorten des Gardasees geht es hier denn auch geradezu urban zu; auch das Erscheinungsbild der Innenstadt ist mit seinen zahlreichen und stets zahlreich belebten Straßen und Gassen vorwiegend von Desenzanos Funktion als Handelszentrum und Warenumschlagplatz geprägt. Großzügig auch die lange Seepromenade mit ihren vielen Restaurants und Cafés. Nur an Dienstagen ändert sich das Bild: Dann werden nicht nur die Ufer-, sondern auch die angrenzenden Innenstadtstraßen und

-plätze von einem riesigen Wochenmarkt in Anspruch genommen.

Für die, die in Desenzano gut essen wollen, gilt allerdings die Devise: Weg vom See! Anders als in Sirmione bewahrheitet sich hier wieder die alte Regel: Die besten Restaurants findet man da, wo man sie am wenigsten vermutet. Unser, und nicht nur unser lokaler Favorit treibt es in dieser Hinsicht besonders weit: Das *Esplanade* versteckt sich in einem öden Plattenbau, der eher nach Ostberlin vor 1989 aussieht als nach Gardasee. Aber es gehört zu den ersten Restaurants am See, die es (1991) sogar zur Ehre eines Michelin-Sterns brachten – und den hat es bis heute behalten. Fans leben und sterben für die – natürlich selbstgemachten – Tagliolini mit Zucchiniblüten und Austernsauce. Hübsch häßlich auch die Einrichtung, doch wer zum Fenster rausschaut, guckt immerhin auf Sirmione.

Ein schöner Geheimtip für überraschungsbereite und genußsüchtige Desenzanobesucher liegt gar nicht in Desenzano, sondern führt uns ein letztes Mal vorübergehend weg vom See. Man braucht, wenn man sich im Gewirr der Zubringerstraßen nicht verfährt (die Chancen hierfür stehen allerdings gut), mit dem Auto allenfalls eine Viertelstunde von Desenzano ins südöstlich davon gelegene Bergstädtchen Lonato – und dennoch tut sich hier, zu Füßen der hohen und darum schon von weitem sichtbaren mittelalterlichen *Torre Maestra*, des sehenswerten Stadtpalastes *Casa del Podestà* und eines von einer fast überproportional riesigen Kuppel gekrönten Doms, eine ganz andere und wohltuend stille Welt auf. Trotz der geringen Entfernung zum See stört kaum ein Tourist den Kleinstadtfrieden von Lonato, nicht einmal dann, wenn er – wie jetzt auch wir – unterwegs zur *Trattoria da Oscar* ist. Die liegt nämlich nicht innerhalb der Stadtmauern von Lonato, sondern in deren Vorort Barcuzzi, und den wiederum erreicht man, indem man von Lonato aus der Provinzstraße SP 25 drei Kilometer in Richtung Padenghe folgt. Der Bezeichnung »Trattoria« wie dem rustikalen Ambiente zum Trotz handelt es hier um eine erstrangige gastronomische Adresse. Oscar Bertini und Valeria Brunelli servieren auf ihrer wunderschönen Gartenterrasse mit Blick über die sanft abfallenden grünen Moränenhänge zum Seeufer solche Köstlichkeiten wie die Polenta mit kleinen Rouladen aus geräucherten Seefischen mit einem köstlichen Zitronenaroma, ein *risotto* mit Robiolakäse und Zucchiniblüten, oder mit Kartoffeln und jungen Zwiebeln delikat geschmortes Kaninchenfleisch. Ganz zu schweigen von den stets frischen Seefischen, die allein jederzeit den kleinen Abstecher hierherauf lohnen.

Auf dem Rückweg zum See kann man Desenzano rechts liegen lassen, indem man einfach weiter Richtung Padenghe fährt, um dann von hier auf die westliche Uferstraße zu wechseln. Noch ist das Land überm Seeufer hier flach, daher dicht und, vor allem links und rechts der *Gardesana*, nicht sehr attraktiv besiedelt. Zumal deutsche Urlauber, deren Domänen ja eher im Norden und Westen des Sees liegen, rauschen durch die Valtenesi (so der geographische Sammelname der Landschaft zwischen Desenzano und Salò) gern um so schneller durch, je weiter sich die Straße vom Ufer entfernt – und übersehen dabei nicht nur die Badegelegenheiten, von denen schon im fünften Kapitel die Rede war, sondern auch eine Reihe von Orten wie Padenghe selbst oder das kleine, hoch über dem See gelegene Soiano del Lago, die es zwar nicht zur Baedekerberühmtheit gebracht haben, aber über oft sehr hübsche Bauwerke, Plätze und Straßen verfügen.

Das gilt auch für das ein Stück vom Ufer entfernt liegende Moniga del Garda. Wer sich auf eine kleine Erkundungstour durch und um dessen im Hochmittelalter gebautes Kastell eingelassen hat, darf sich anschließend guten Gewissens auf den beschilderten Weg hinunter zum Hafen von Moniga und dem dort in einer Zollstation aus dem frühen 17. Jahrhundert malerisch untergebrachten Ristorante *Al Porto* machen. Hier zelebriert die Autodidaktin Wanda Perotti ihre so ungewöhnlich puristische wie exzellente Fischküche: Gleich ob die Seesardine auf der Tageskarte steht, der Hecht oder der *carpione* – vom ordinären Grill will Wanda in der Regel so wenig wissen wie von stark aromatisierten Saucen. Am liebsten dünstet sie die Fische, kombiniert sie mit leichten Weinsaucen und originell ausgesuchten Beilagen wie einer Terrine aus Kartoffeln und Waldpilzen oder jungen Wirsingblättern mit Nüssen und Pinienkernen. Daß puristisch nicht spartanisch heißen muß, beweisen spätestens das überbackene Aprikosenpüree und andere hinreißende Desserts.

Die nächste größere Ortschaft der Valtenesi, Manerba del Garda, besteht aus einer Reihe verstreuter Dörfer, die von einer auffallenden Felskuppe, der *Rocca di Manerba*, überragt werden. Eine von ihnen, Montinelle, hat nicht nur ein archäologisches Museum zu bieten, sondern auch das sehr hübsch eingerichtete, allerdings nicht ganz billige Fischrestaurant *Capriccio*. Machen Sie den Verdauungsspaziergang unbedingt auf die *rocca*, schon der einmaligen Aussicht in alle Himmelsrichtungen wegen! Den anschließenden Café oder den Sundowner nimmt man am besten im charmanten Minihafen Porto Dusano ein.

Bald hinter Manerba wendet sich die *Gardesana* scheinbar landeinwärts jäh nach links, um die größte der Gardaseebuchten, die von Salò, zu umrunden. Und spätestens jetzt wäre es an der Zeit, von Mussolini zu reden und von den »hundert Tagen« – in Wahrheit waren es einige mehr – der absurden Republik von Salò, in der der gestürzte, aber nach seiner Festnahme von den deutschen Nazis befreite und von da an vollkommen unter deutscher Fuchtel stehende Diktator bis zuletzt den Anschein eines faschistischen Reststaats auf italienischem Boden aufrechtzuerhalten gezwungen war. Bis zuletzt, das hieß: bis die Alliierten Ende April 1945 das gegenüberliegende Ostufer des Gardasees erreichten, von da aus Salò beschossen und so Mussolini zur Flucht Richtung Schweiz nötigten, während der er aber von Partisanen aufgegriffen, erschossen und anschließend auch noch an den Füßen aufgehängt wurde.

Fast alle, die nach Salò kommen, und erst recht alle, die über Salò schreiben, reden bis heute von Mussolini. Eben deswegen müssen wir das nicht auch noch tun. Daß man in dieser Seegegend an Mussolini nicht vorbeikommt, haben wir ja schon im achten Kapitel, anläßlich unseres Besuchs in Gardone bemerkt. Doch was einen da verfolgt, ist nicht nur heute, es war schon damals bloß ein jämmerliches Gespenst. Daß die Wahl auf Salò fiel – nicht einmal Mussolini selbst, sondern seine ihrerseits auch schon dem Untergang entgegengehenden deutschen Verbündeten hatten sie getroffen – entsprang ausschließlich militärischen Überlegungen: Es gab im Herbst 1944 nicht mehr viele Orte in Italien, die einerseits nicht in unmittelbarer Reichweite der Richtung Brenner vorrückenden Alliierten lagen, und an denen der Phantomstaatschef Mussolini andererseits der deutschen Rückzugsbewegung nicht störend im Wege war.

Das bedeutet aber auch: In Wahrheit hat die Geschichte von Mussolinis letzten Tagen mit dem Gardasee so gut wie nichts zu tun. Das gilt, trotz einiger Idioten, die heute noch oder heute wieder eine Art von (sich aber sehr in Grenzen haltendem) Mussolini- und Mussolini-Gedenkstätten-Tourismus betreiben, auch für Salò selbst. Spürbarere, schlimmere Folgen für die Stadt hat das schwere Erdbeben von 1901 gehabt, das die Innenstadt und die angrenzenden Wohngebiete mit einem Schlag in ein riesiges Trümmerfeld verwandelte. Stehengeblieben beziehungsweise erfolgreich renoviert wurden immerhin einige sehenswerte historische Gebäude wie der von außen völlig unscheinbare, aber im Inneren um so eindrucksvollere Dom. Noch krasser der Kontrast zwischen nichtssagender Fassade und imposanter Innenansicht im Fall der unweit des alten Stadttors in eine Häuserzeile eingeklemmten Kirche *San Giovanni decollato* mit ihrem durch die Gewölbearchitektur geradezu theaterhaft in Szene gesetzten Altarbilds des Renaissancemalers Zenon Veronese.

Im übrigen haben die Leute von Salò das Beste aus der Erdbebenkatastrophe von 1901 zu machen versucht, indem sie ihre Stadt nicht nur rasch wiederaufbauten, sondern bei dieser Gelegenheit – auch die meisten Uferhäuser waren dem Beben zum Opfer gefallen – die längste Seepromenade weit und breit errichteten, den sich über die gesamte Nordseite der Bucht von Salò hinziehenden *Lungolago Zanardelli*. Recht mondän geht's hier zuweilen zu, zuweilen auch nur einfach bürgerlich entspannt, und zwischen vielen Läden und fast ebenso vielen Ufercafés findet sich hier auch eine Anzahl von Restaurants, die, ob teuer oder relativ preisgünstig, vor allem eines gemeinsam haben: Ihre Küche ist im besten Fall höchst langweilig. Wer hier gut essen will, dem bleibt also nichts anderes übrig: Er muß fort vom Ufer, auch fort aus dem betriebsamen Zentrum. Das *La Campagnola* liegt oberhalb der Altstadt, nämlich an der oberen der beiden vielbefahrenen Durchgangsstraßen. Aber keine Angst: Nicht nur im gemütlichen Innenraum, auch auf der schönen Gartenterrasse des Hauses bleibt man hinreichend vor Lärm geschützt. Und findet so Muße genug, um sich den höchst trefflichen *antipasti* und *paste* und seinen auf der Basis regionaler Produkte und Rezepte zubereiteten Fisch- und Fleischgerichten zu widmen. Das *Campagnola* ist alles andere als ein Touristenlokal; zu seinen Spezialitäten zählen deswegen auch Innereien – so etwas mag der Italiener halt, und wenn es so exzellent wie hier gemacht wird, frische, perfekt durchgebratene Kalbsleber in Gorgonzola mit karamelisierten Zwiebeln, vielleicht ja auch der Deutsche.

Vom *Campagnola* ist es nicht mehr weit bis hinauf zur *Gardesana*, und auf der erreicht man nun rasch das Ende der Bucht von Salò, an der die Uferstraße noch einmal, und zum letzten Mal während unserer Fahrt um den See, die Richtung ändert. Von nun an geht's nur noch nordwärts, Richtung Riva, auch Richtung Brenner, Innsbruck, Deutschland. Aber bevor es so weit kommt, wollen wir einen letzten genießerischen Zwischenstopp einlegen. Dies aber nicht in Gardone, das wir zunächst durchfahren, und mit dem wir uns, auch gastronomisch, schon ausgiebig beschäftigt haben, auch nicht in der Doppelstadt Toscolano-Maderno. Zwar verdient zumindest das alte Zentrum von Maderno, gruppiert um die wunderschöne romanische Kirche *Sant'Andrea*, einen Besuch; doch fürs leibliche Wohl ist bedauerlicherweise weder in Maderno noch in Toscolano viel zu erwarten. Auch in dieser Hinsicht hat es die Doppelgemeinde schwer, sich von ihrem mäßigen Ruf als Durchfahrtsort zu erholen – womit andererseits nicht gesagt sein soll, daß man, sofern man nicht zu hohe Ansprüche stellt, nicht auch hier in der einen oder anderen Trattoria auf seine Kosten kommen kann.

Wir aber wollen zum Abschluß noch einmal nach den Sternen greifen, genauer gesagt, nach dem kostbaren einen Michelin-Stern, mit dem die superstrengen Tester des »Guide Michelin« das Restaurant *La Tortuga* am Hafen von Gargnano auszeichneten. Geführt wird das sehr kleine und sehr feine Lokal von der Familie Filippini, und höchst ungewöhnlicherweise, nicht nur für italienische Verhältnisse, zeichnen dabei die Frauen, nämlich Mutter Maria und ihre Tochter Daniela, für die Kochkunst verantwortlich, während sich Papà Mario gemeinsam mit der zweiten Tochter Marzia um den Service und das sonstige Wohlergehen der Gäste kümmert. Wie ihre Kollegin Wanda Perotti in Moniga del Garda halten es auch die beiden Damen Filippini mit eher puristischen Prinzipien; und hier wie dort wirken sich die sowie der Verzicht auf populäre, aber im Grunde eher barbarische Zubereitungsmethoden wie das Grillen vor allem auf die geschmackliche Qualität der Fischgerichte ganz hervorragend aus. Hingerissen waren wir hier vom *carpione*, aber auch von unserem Glück, den überhaupt vorgesetzt zu bekommen: Das gute Stück steht eben auch hier nur selten auf der Tageskarte. Und typisch, daß die Köchinnen zum *carpione* nichts anderes servieren ließen als ein paar Kartoffeln und eine, allerdings vorzügliche, ganz leichte Sellerie-Julienne.

Überhaupt lebt das *La Tortuga* vom diskreten Charme des Understatements: Eines der köstlichsten Gerichte aus Gardaseefischen, die wir je aßen, figurierte auf der Karte schlicht und simpel als *spaghettini al ragù di pesce di lago*. Ähnliche Allerweltsnamen tragen auch die nicht minder hervorragenden Fleischgerichte: Lammschulter mit Thymian, Rosmarin und Kartoffeln zum Beispiel – und basta. Mehr sein als scheinen: Von der Konsequenz, mit der dieses Prinzip hier befolgt, ja zelebriert wird, wie von der unnachahmlichen Leichtigkeit der *Tortuga*-Küche zeigte sich übrigens auch unser deutscher Gourmetpapst Wolfram Siebeck angetan, der bei gleicher Gelegenheit die vom Erfolgshotelier Robert H. Burns übernommene ausgebaute *Villa Feltrinelli* am Strand von Gargnano als das perfekte Muster eines kleinen Luxushotels pries. Nicht daß wir genug Geld hätten, das persönlich nachzuprüfen. Immerhin, fürs *Tortuga* hat es noch gereicht, auch wenn Kollege Siebeck die umgerechnet 65 Euro, die er hier bezahlte, besonders teuer fand. Wir haben keine Ahnung, wo Siebeck ansonsten zu speisen und zu trinken pflegt. Aber erfahren würden wir schon gern, wo jemand mit seinen Ansprüchen an Speis wie Trank mit einem solchen Betrag davonkommt. Wir ziehen auch hier wieder einen ganz anderen Schluß: Je besser man hier am Gardasee ißt, desto günstiger fällt der Preisvergleich mit entsprechenden Lokalen in Deutschland aus. Und schon deswegen halten wir uns hier an das Motto: Bei Filippini sehen wir uns wieder.

Den obligatorischen Entdeckungsspaziergang wollen wir dennoch nicht vergessen. Man kann ihn hier getrost schon vor dem Essen absolvieren: Obwohl das von imposanten Villen und Gärten umgebene Gargnano einen der schönsten historischen Ortskerne am Gardasee besitzt, sind seine Straßen und Plätze doch so gut wie nie von Touristenmassen überfüllt. Mr. Burns hat durchaus nicht umsonst hier investiert: Das Städtchen, das viel von seinem Charakter als verträumtes Fischerdorf bewahrt hat, gilt seit je als Treffpunkt der nicht nur gesetzteren, sondern auch reicheren Gardaseebesucher. Erlebnishungrige junge Leute meiden es deshalb genauso wie Familien mit Kindern. Letztere übrigens meist zu Unrecht: Sie fürchten hier den Nepp, dem sie dann gerade in den Cafés und Boutiquen populärerer Uferorte ausgeliefert sind.

Vielleicht repräsentiert ja gerade die friedliche Atmosphäre, die uns an Gargnano so bezaubert, nicht nur die ferne Vergangenheit des Gardaseetourismus, sondern auch dessen Zukunft. Während wir uns auf das endgültig letzte Stück unserer Seerundfahrt machen und unmittelbar hinter Gargnano in den ersten der vielen langen Tunnels der bereits beschriebenen wildesten und schönsten Teilstrecke der *Gardesana* eintauchen, denken wir an eine andere Bemerkung Wolfram Siebecks, die aus dem Jahr 2001 stammt, sich aber schon bald als prophetisch erweisen dürfte: »Es kann sein, daß das Westufer des Sees wieder chic wird bei den Deutschen... Denn dieses Ufer ist schöner als die vulgäre Côte d'Azur, vornehmer durch die antiken Villen und dramatischer durch die stolzen Zypressen, diese Wahrzeichen von Böcklins Toteninsel.«

Wer uns bis hierher um den Gardasee gefolgt ist oder folgen wird, wird finden, daß das, mit ein paar Einschränkungen und Varianten, zumindest auch für große Teile des Ostufers wie für die Höhen und Hochebenen unmittelbar über dem Seeufer gilt. Nicht daß der Massentourismus hier schon ausgestorben wäre, beileibe nicht. Aber je mehr man sich, geleitet von seinem eigenen Forscherdrang, getrost auch vom eigenen Hang zum Schlendrian wie zum Genießertum, auf den See, seine Landschaft und seine Menschen einläßt, desto leichter fällt es einem, mit jenem Massentourismus auch alle Vorurteile über den Gardasee zu vergessen.

Apropos vergessen: Vergessen kann man auch das Gerücht, am Gardasee würden immer noch massenweise Zitronen angebaut. Am Klima liegt es nicht: Die gelben Südfrüchte gedeihen hier nach wie vor prächtig. Umsatzmäßig aber konnten die zum Teil noch bis in die Mitte des letzten Jahrhunderts tätigen Anbaubetriebe hier längst nicht mehr mit dem Weltmarkt mithalten. Zurückgeblieben, als eine Art agrarischer Naturdenkmäler, sind eine Reihe von entlang der *Gardesana* verteilten *limonaie*: So hießen die auf Hügelterrassen aus Holz und Glas errichteten und mit Schilf und Gras abgedeckten Zitronengewächshäuser. Drei dieser Anlagen sind, allerdings zu vorwiegend musealen Zwecken, in letzter Zeit wieder in Betrieb genommen worden. Eine davon liegt ganz nahe an unserer restlichen Wegstrecke, nämlich über dem Hotel *La Pergola* in Limone, dessen schier endlose Ortsdurchfahrt die allerletzte Unterbrechung unseres Rückwegs nach Riva nahelegt. Das einst weltverlassene Fischerdorf Limone, das bis zum Bau der ersten *Gardesana*-Teilstrecke von Riva aus nur per Schiff erreichbar war, lebt heute nahezu ausschließlich im Zeichen des Fremdenverkehrs. Auch Zitronen werden hier nur noch als Souvenirs verkauft, in allen erdenklichen Spiel- wie Abarten. Und das, obwohl der Ortsname Limone, allem romantischen Anschein zum Trotz, weder mit Zitronen noch mit Limonen das Geringste zu tun hat: Er ist von *limes* abgeleitet, dem lateinischen Wort für Grenze.

Bleibt uns, während wir nun vor allem durch Tunnels und Galerien nach Riva fahren, nur noch eine Frage zu klären: Wo liegt eigentlich das Ende des Gardasees? Hier in Riva? Doch erst in Torbole? Oder gar überhaupt nicht im Norden, sondern im Süden? In Peschiera? In Desenzano?

Wir gestehen: Eine zuverlässige Antwort auf unsere Frage ist weit und breit nicht in Sicht. Überall nur klares Wasser und malerische Berge, freundliche Fischerdörfer und quirlige Hafenstädte, prächtige Burgen und stille Klöster, neueröffnete Radwanderwege und aufgelassene Zitronenhaine, verschwiegene Trattorien und formidable Feinschmeckerrestaurants. Doch wir schwören: Solange die Sache mit dem Ende des Gardasees nicht definitiv geklärt ist, werden wir immer wieder hierher zurückkehren.

Bereits erschienen:
Gebrauchsanweisung für...

Amerika
von Paul Watzlawick

Amsterdam
von Siggi Weidemann

Barcelona
von Merten Worthmann

Bayern
von Bruno Jonas

Berlin
von Jakob Hein

die Bretagne
von Jochen Schmidt

Brüssel und Flandern
von Siggi Weidemann

China
von Kai Strittmatter

Deutschland
von Maxim Gorski

Dresden
von Christine von Brühl

das Elsaß
von Rainer Stephan

England
von Heinz Ohff

Frankreich
von Johannes Willms

Gardasee
von Rainer Stephan

Genua und die
Italienische Riviera
von Dorette Deutsch

Griechenland
von Martin Pristl

Hamburg
von Stefan Beuse

Indien
von Ilija Trojanow

Irland
von Ralf Sotscheck

Italien
von Henning Klüver

Japan
von Gerhard Dambmann

Kalifornien
von Heinrich Wefing

Katalonien
von Michael Ebmeyer

Köln
von Reinhold Neven Du Mont

Leipzig
von Bernd-Lutz Lange

London
von Ronald Reng

München
von Thomas Grasberger

Neapel und die
Amalfi-Küste
von Maria Carmen Morese

New York
von Verena Lueken

Niederbayern
von Teja Fiedler

Nizza und
die Côte d'Azur
von Jens Rosteck

Norwegen
von Ebba D. Drolshagen

Österreich
von Heinrich Steinfest

Paris
von Edmund White

Polen
von Radek Knapp

Portugal
von Eckhart Nickel

Rom
von Birgit Schönau

das Ruhrgebiet
von Peter Erik Hillenbach

Salzburg und
das Salzburger Land
von Adrian Seidelbast

Schottland
von Heinz Ohff

Schwaben
von Anton Hunger

Schweden
von Antje Rávic Strubel

die Schweiz
von Thomas Küng

Sizilien
von Constanze Neumann

Spanien
von Paul Ingendaay

Südfrankreich
von Birgit Vanderbeke

Südtirol
von Reinhold Messner

Tibet
von Uli Franz

Tschechien und Prag
von Jiří Gruša

die Türkei
von Iris Alanyali

Umbrien
von Patricia Clough

Venedig
von Dorette Deutsch

Wien
von Monika Czernin

PIPER

Birgit Schönau
Gebrauchsanweisung für Rom

192 Seiten. Gebunden

Die ewige Stadt. Die heilige Stadt. Rom ist die Stadt aller Städte. Mit ihren barocken Palästen, ihren unermeßlichen Kunstschätzen und zahllosen Monumenten ist sie das Gedächtnis unserer abendländischen Kultur. Aber wie ewig ist die Stadt wirklich? Und sind tatsächlich alle Römer fromm? Birgit Schönau flaniert durch die größte Altstadt der Welt und schaut sich den Alltag an zwischen Marmor und Geld, dem haarsträubenden Verkehr, der Mode und der herzhaften römischen Küche. Denn eines ist ganz sicher: Auch vor Ostern fastet hier nur einer, und das ist der Heilige Vater.

PIPER

Henning Klüver
Gebrauchsanweisung für Italien

191 Seiten. Gebunden

Alle lieben Italien – das Land, wo die Zitronen blühen, wo die Frauen schön sind und der Espresso aromatisch. Glaubt man. Aber was blüht jenseits des Brenners wirklich? Was essen die Italiener, wenn die Mamma keine Lust auf Pizza und Pasta hat? Und warum tragen fast alle unsere Schuhe das Gütesiegel Made in Italy?
Henning Klüver weiß es. Mit leichter Hand widmet er sich den ureigensten Domänen der Italiener: der Familie und der Mafia, der Mode und der Piazza, der Kirche und dem guten Essen. Er kennt den Unterschied zwischen Osteria und Ristorante, er weiß, warum die italienische Innenpolitik einer Daily Soap in nichts nachsteht und wieso schon lange kein Italiener mehr ohne Handy auskommt.

01/1065/01/R

PIPER

Maria Carmen Morese
*Gebrauchsanweisung für Neapel
und die Amalfi-Küste*

240 Seiten. Gebunden

Traumbuchten und Dachgärten, kultureller Reichtum und Kriminalität, Meer und Vulkanfeuer: In kaum einer anderen Region sind so viele Widersprüche vereint wie am Golf von Neapel mit seiner berückend idyllischen Lage. Hier ist man stolz auf die temperamentvollsten Frauen der Welt, hier wächst der Limoncello quasi an den Bäumen und sorgt die Hand Gottes für Gerechtigkeit. Hier bezaubern uns mediterrane Schönheiten wie Capri, Amalfi und Ravello, künden antike Thermen und archäologische Parks vom historischen Luxus. Hier führt la Mamma das Regiment. Hier geht nicht nur die Camorra, sondern auch der talentierte Mister Ripley auf Beutezug. Mit der Autorin entdecken wir das sündige, ramponierte Neapel, Bars und Gassen, so schmal, dass die Wäscheleinen gerade noch hineinpassen.

01/1713/01/R

PIPER

Reinhold Messner
Gebrauchsanweisung für Südtirol

208 Seiten mit 17 Federzeichnungen von Paul Flora.
Gebunden

»Es sind nicht die höchsten Berge der Welt, auch nicht die gefährlichsten, aber bestimmt sind es die schönsten.« Reinhold Messner, der vom Südtiroler Bergbuben zum erfolgreichsten Bergsteiger wurde, weiht uns in die Naturwunder zwischen Dolomiten und Ortler ein, nimmt uns zu Skiabfahrten, Höhenwegen und malerischen Hütten mit. Dem Rätsel des Ötzi geht er auf den Grund, den Seligkeiten von Bozen und der Frage, wieviel Österreich im nördlichen Eck Italiens lebt. Wir erfahren die Geheimnisse des Jodelns, die Feinheiten der Küche zwischen Speckknödel und Spaghetti – und warum Fensterln und Frömmigkeit hier unbedingt zusammengehören.

01/1608/01/R